図解 わか

生命保険

2024-2025年版

ライフプラン研究会

新星出版社

生命保険のことが気になりはじめたら… 1

　20代前半はそれほど気にしていなかった生命保険。しかし、20代後半、30代…と歳を重ねるごとに、だんだん保険のことが気になってきます。また、結婚して夫婦で保険に入ろうか、こどものために万一の保障はしておきたい、老後に向けて医療保障の準備をしておきたい、というニーズも出てきます。

　そこで、保険が気になっている今、自分と家族のために、自分に合った保険を積極的に選ぶ必要があるのです。現在では、各社独自の保険料や保障内容が設定されています。あなたの選択次第で人生を有効に過ごせるかが決まるのです。

あなたに合った保険を選びましょう！

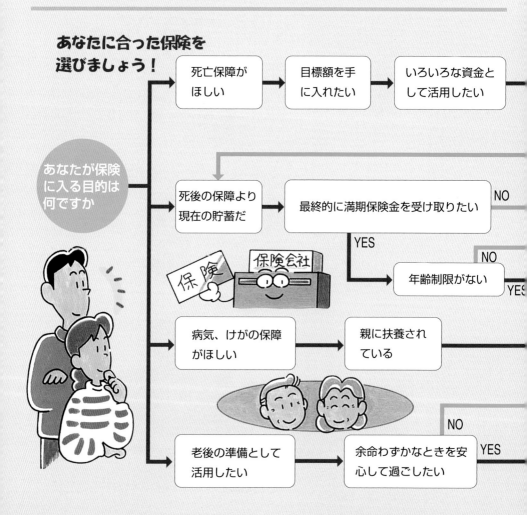

あなたが保険に入る目的は何ですか

死亡保障がほしい → 目標額を手に入れたい → いろいろな資金として活用したい

死後の保障より現在の貯蓄だ → 最終的に満期保険金を受け取りたい　NO

YES

保険　保険会社

NO

年齢制限がない　YES

病気、けがの保障がほしい → 親に扶養されている

NO

老後の準備として活用したい → 余命わずかなときを安心して過ごしたい　YES

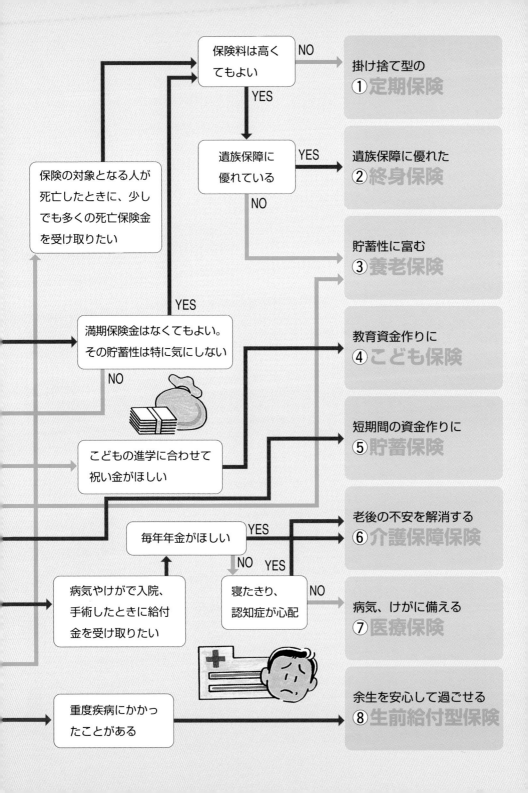

生命保険のことが気になりはじめたら…2

①	**定期保険** （P.44〜参照）	定期保険は、被保険者が一定の保険期間内に死亡した場合にだけ、死亡保険金が支払われ、満期時に被保険者が生存していても満期保険金の支払いはない死亡保険の典型。	
②	**終身保険** （P.64〜参照）	終身保険は、掛け捨て型の定期保険とは異なり、保障が一生涯続くもので、被保険者が死亡した場合、遺族は必ず死亡保険金を受け取ることができます。	
③	**養老保険** （P.96〜参照）	被保険者が一定の保険期間内に死亡したときに死亡保険金が支払われ、保険期間満了時に生存のときは同額の満期保険金が支払われます。死亡保障と貯蓄機能を併せもった保険。	
④	**こども保険** （P.136〜参照）	こども保険は、こどもの教育資金、結婚資金、独立資金などを計画的に準備するとともに、親などが早い時期に死亡したときの保障も併せて行おうとする目的をもった保険。	
⑤	**貯蓄保険**	貯蓄保険は、生存保険をベースに死亡保険を組み合わせたもの。保険期間は3〜5年。被保険者が満期に生存のときに、満期保険金を支払うもので、短期間の貯蓄が主目的。	
⑥	**介護保障保険**	被保険者が要介護状態でその状態が一定期間継続した場合、年金や一時金給付が行われる保険。寝たきりと認知症の双方を対象、いずれか一方だけを対象とするものなど様々。	
⑦	**医療保険** （P.112〜参照）	病気やケガで入院したり手術を受けたりして、お金が必要になったときのための保険。公的医療保険でまかなえなかったときの補完として、民間の医療保険があります。	
⑧	**生前給付型保険** （P.130〜参照）	特定の疾病（ガン、急性心筋梗塞、脳卒中）にかかったときなどに、生存している被保険者本人に保険金を支払うもので、重度疾病タイプと末期疾病タイプがあります。	

あなたは、どのタイプの保険を選びましたか？　ここでは、生命保険のそれぞれにはどのような特徴があり、またメリット、デメリットとしてはどのような点があるのか、保険加入の際の知っておきたいことについてまとめてみました。

メリット	デメリット
定期保険は掛け捨て型で、最も安い保険料で終身保険、養老保険と同額の保障を得られます。契約年齢が若いほど保険料は安くなります。	満期保険金はありません。解約返戻金（P.196参照）はまったくないか、また、あったとしてもごくわずかな額です。
遺族保障に優れており、生涯にわたり死亡保障があります。解約返戻金は大きく、いざというときの資金、老後の生活資金などとしても活用できる貯蓄性のある保険です。	終身保険の保険金は、残された遺族のためのもので、満期保険金がありません。定期保険に比べ、保険料は高くなります。
満期保険金があるのが養老保険の魅力。また、配当金、解約返戻金も前の2種類に比べると高額です。 貯蓄機能に優れているので、老後の生活資金の準備までさまざまな目的に利用できます。	満期保険金を得るためには、やはりかなり高い保険料が必要です。また、設計書などに記載されている配当金額は、試算値にすぎず、将来の支払額を保証したものではありません。
目標とした保険金額（満期保険金）を確実に手にできます。また、満期以前にも、学齢期などに一定額を祝い金として受け取れます。親（契約者）が途中で死亡した場合には、保険料の払い込みは免除されます。	祝い金をその都度受け取った場合と据え置いた場合では、払い込んだ保険料額と受け取る保険金との比率や、税引き後の受け取り保険金額などに違いが生じることがあります。
契約年齢の上限は70歳や80歳とするものが多く、制限がないといっても過言ではありません。また加入の年は、医師による診査は不要です。保険料は年齢、性別に関係なく一律なので、高齢者の人に向いてます。	不慮の事故や一定の感染症で死亡したときは災害死亡保険金が、その他の原因で死亡したときは死亡給付金が受け取れますが、少額です。なお、取扱い会社はごく少数です。
一定の要介護状態が継続した場合に一時金や年金が受け取れるタイプと、公的介護保険の上乗せとして一時金や年金が受け取れるタイプがあります。なお、死亡した場合には死亡給付金が支払われます。	給付内容は各社多様ですが、一定の要介護状態の認定は厳しく、保険料も高額となっています。そのため、介護保障特約として主契約に付加し利用するケースが多く見受けられます。
医療保険に加入すると入院給付金、死亡すれば死亡給付金を受け取ることができます。	満期保険金はありません。死亡保険金は思ったより期待できません。これは、この保険が割安な保険料で医療保障を提供することを主眼としているからです。
生前給付金により残された期間を、経済的不安なしに送れます。末期疾病タイプは、リビング・ニーズ特約として販売。この特約による保険金額は、主契約の死亡保険金額範囲内でほぼ自由に設定可能。特約保険料は不要。給付金は非課税扱い。	なお、給付事由のうちガンについては、「初めて罹患した場合」に限られるものがあり、急性心筋梗塞や脳卒中の場合は、発病後の所定の事由（一定期間以上の症状の継続等）に該当しなければなりません。

定期保険のしくみ

こんなときに活用したい！

タイプ1 （P.48〜参照） ある一定の期間のみ 保障を厚くしたい

吉村佐久夫さん、
30歳、食品会社勤務、
妻、こどもあり

こどもが社会人になるまでの間など、特
定の期間のみ責任が重くなる人。

タイプ2 （P.50〜参照） 収入は減少するけれども、 保障額は減らしたくない

中村常男さん、
41歳、商事会社勤務、
妻、こどもあり

会社が傾き、ある日、関連会社へ出向の
辞令が出されました。

タイプ3 （P.50〜参照） 若くて収入も多くないが 家族をきちんと守りたい

松田和夫さん、23歳、
印刷会社勤務、妻、
こどもあり

結婚2年目で、家族は専業主婦の玲子さ
んと1歳の長女の久美子ちゃん。給料は、
月額で約22万円。

定期保険は被保険者が保険期間内に死亡した場合にだけ死亡保険金が支払われ、満期時に被保険者が生存していても満期保険金の支払いはない死亡保険の典型です。解約返戻金はあるけれども低額で、いわゆる掛け捨て型のため、敬遠されることもあります。けれども、少額の保険料で大きな保障を得られるのが、定期保険の最大の魅力です。

こどもが成人し社会人になるまでは、親の肩には責任がどっさりかかります。

このように一定の期間について、特に責任が重くなる人に定期保険は向いています。

辞令を受けたら、給料は7割程度になります。退職する道もありますが、当面収入は減少します。しかし収入が減っても家族への責任が減るというわけではありません。

このように、収入は減少したけれども、ある程度の保障は確保しておきたいという場合に、保険料の安い定期保険は向いています。

このように若くて収入も少ないけれど、家族への責任があるという人に向いています。

終身保険のしくみ

こんなときに活用したい！

タイプ 1 保障が第一。でも老後の
資金の足しにもしたい
（P.66〜参照）

金子良江さん、42歳、
レストラン経営、こ
どもあり

数年前に離婚した金子さん。今では、名
古屋で従業員十数人が働くレストランを
経営。

タイプ 2 安い保険料で終身保障が
最高。配当は特にいらない
（P.70〜参照）

中田久裕さん、
32歳、出版社勤務、
こどもあり

大阪の中堅出版社に勤務の中田さん。32
歳の若さで月刊誌の編集長。

タイプ 3 毎月の保険料はできる
だけ少ないほうがいい
（P.78〜参照）

秋山敏夫さん、28歳、
自動車会社勤務、妻、
こどもあり

秋山さんは昨年まるみさんと結婚。月収
は手取り30万円。マンションのローン月
10万円、自動車ローン月4万円。

終身保険は生涯（終身）を保険期間としているため、定期保険のようないわゆる掛け捨て型とは異なり、必ず保障が行われるもので、遺族保障に優れた機能を備えています。

　自動更新制度はなく、保険料額に変更はありません。満期保険金はありませんが、終身保険を解約すると解約返戻金が支払われます。解約返戻金が大きいため、いざというときの資金として活用できます。解約返戻金の額は契約時に確定します。

家族は、昨年短大を卒業し、レストランのPRを担当している恵子さん、大学生の仁美さん、高校1年の義雄君の3人。

まだまだこどもにお金がかかりそう。しかしそろそろ自分の老後を考えないと、と保障を優先に老後の足しにも少しと考えている人に。

家族は小学校3年の英夫君との2人家族です。最近息子のために、保険加入を考えています。

「安い保険料で必ず保険金が支払われれば、最高」という考えです（無配当終身保険の例）。

先月、まるみさんが出産したので定期付終身保険を考えています。でも保険料のことを思うとため息が…。

こういう人には契約の初期保険料が比較的低額の更新型とステップ払いの利用が向いています（P.78参照）。

養老保険のしくみ

こんなときに活用したい！

タイプ1 退職までに1000万円を作りたい
（P.98〜参照）

伊達義雄さん、30歳、
製鉄会社勤務、独身

伊達さんの月収は40万円、ボーナス年2回、定年は60歳です。伊達さんがもし退職したら、退職金は出ます。

タイプ2 突然、収入が途絶えたときに、当座の費用に利用したい
（P.102〜参照）

安達勇さん、48歳、
家電メーカー勤務、
妻、こどもあり

勤め先の会社では、ここ数年来業績が芳しくなく、このたび突然、業界大手の傘下に入ることになりました。

タイプ3 保険料払い込みは困難だけど、養老保険はやめたくない
（P.104〜参照）

高橋直弥さん、40歳、
洋菓子会社勤務、妻、
こどもあり

今年長女の幸枝さんが私立大学に入学。約10万円の住宅ローンに加えて、新たに学費が肩にズッシリ。

養老保険は、被保険者が死亡したときに死亡保険金が支払われ、被保険者が保険期間の満期時に生存している場合には、死亡保険金と同額の満期保険金が支払われます。解約返戻金も高額です。その分、保険料の負担が大きくなるものです。

養老保険は、生死混合保険の典型例。保険期間と保険金が同一の死亡保険と生存保険を組み合わせたものです。

しかし大手企業とは比べものになりません。「入社のときにはあまり気にならなかったけれど、やはりまとまった額の退職金はほしい」と思っています。何とか定年までに、1,000万円を作りたいと思っています。

「このように、長期間で着実に蓄えたい」という人に養老保険は向いています。もし伊達さんが30年満期の養老保険に加入すれば、毎月2万数千円の負担で満期保険金1,000万円、それ以前の死亡にも同額の死亡保険金が支払われます。

社内で徹底したリストラが実施され、ほんのわずかの退職金を手に、安達さんも多数の同僚と共に長年勤めた職場に別れを告げることになりました。

しかし、給料はなくても、家族の生活はあります。住宅ローンはなくならないし、「よし、家族のために頑張るぞ」と安達さん。

このような不幸に見舞われ、収入が途絶えたときに、解約返戻金が利用できます。

月給45万円ですが、ここ数年のベースアップはごくわずか。毎月の家計は少々きつい感じです。「10年続けた保険を解約する以外に方法がないか…」と悩んでいます。

このように解約したくない人に払済保険は向いています。（払済保険の活用例）。

生命保険の上手な利用法(1)

　「友達が入っているから私も」、「突然死んだとしても何とかなる」など、生命保険を安易に考えていたために、必要以上の金額の生命保険に加入していたり、本当は必要なのに生命保険に加入していなかった、ということがよくあります。

　そこで皆さんが生命保険の失敗に陥らないために、生命保険の利用のポイントを考えてみましょう。インターネットでの申し込みの際にも役立ちます。

POINT 1　生命保険加入の目的を明確に！ (P.8〜参照)

　あなたと家族のライフサイクルに応じて、保障の目的も異なっているものです。今のあなたに必要なものは何でしょうか。遺族生活資金ですか、医療資金ですか、住宅資金ですか、教育・結婚資金ですか、それとも老後の生活資金ですか。

　保障の目的、すなわち生命保険への加入目的をはっきりさせましょう。

POINT 2　加入保険金額を決めましょう！ (P.28〜参照)

　保険金額は多ければ多いほどよいというものではありません。家族にとって、ちょうどよい金額であればよいのです。

①必要な保障額は？

　あなたと家族にとって、「どのような資金が、いつどのくらい必要か」を考えて、ライフサイクルに合わせた生活設計を立てましょう。その上で、あなたに万一のことがあった場合、残された家族の生活資金としての必要額がどのくらいになるか検討しましょう。

②支出可能な保険料は？

　必要な保障額と支出可能保険料の双方を考えて、生命保険の保険金額を検討してみましょう。

POINT 3　保障期間を決めましょう！ (P.32〜参照)

　生命保険は保険期間を5年、10年などと一定の期間としているもの（定期保険、養老保険）と、生涯（終身）としている終身保険の2つのタイプがあります。

　お子さんが高校卒業するまでというように、「一定の期間の保障があればよい」と思われる人には、定期保険や養老保険などが向いています。実際は、定期付終身保険に加入している方が多いようです。

POINT4　生命保険を選びましょう！(P.34〜参照)

　生命保険の基本は、定期保険、養老保険、終身保険ですが、個人向けとしては各生命保険会社から13種類のものが販売されています。この中から、あなたにふさわしいものを探してください。

　定期保険、生存給付金付定期保険、終身保険、定期付終身保険、養老保険、定期付養老保険、こども保険、貯蓄保険、個人年金保険、変額保険、疾病・医療保険、就業不能保障保険、介護保険。

POINT5　保険の見直し (P.92〜参照)

　「独身のときに入っていた保険では、死亡保障額が不足」。こういうケースはよくあります。生命保険は長期にわたる契約なので、ライフサイクルの変化に応じて、保障内容を見直すことも大切です。

　保障の見直しの方法として①契約転換（既契約を解約せずに新たな保険に切り替える方法）、②中途減額（既契約に定期保険特約などを上乗せして保障額を増加する方法）、③特約の中途付加（保険期間の途中で、特約を付加する方法）があります。

POINT6　さまざまな特約 (P.116〜参照)

●疾病入院特約

　病気で入院したときに入院給付金が受け取れます。

　また、災害や病気で手術をしたときに手術給付金が受け取れるものもあります。

●成人病入院特約

　成人病（ガン、高血圧性疾患、心疾患、脳血管疾患、糖尿病）で入院したときには、入院給付金が受け取れます。

　また、成人病で手術をしたときに手術給付金が支払われるものもあります。

●女性医療特約

　女性疾病で入院したときに入院給付金が受け取れます。

　また、女性疾病で手術をしたときに手術給付金が受け取れるものもあります。

　特約は、主契約を補完し、災害・入院などの場合に保障を充実させるためのものです。特約の種類もいろいろですが、あなたとご家族にふさわしいものを選んでください。

POINT7　解約は最後の手段 (P.196〜参照)

　保険料が支払えなくなったときは、保険を継続するために、①保険料を立て替えてもらう自動振替貸付制度、②保険金額を減額して負担を減らすなど、いろいろな方法があります。

生命保険の上手な利用法(2)

知らなかった
とはいえない
保険約款

生命保険加入時に発行される保険のしおりに保険約款が記載されています。ところが保険約款は細かく、言葉も専門的なので、じっくりとは読んでいないかもしれません。

ただし、最近ではインターネットでわかりやすい保険のしくみが見られるようになっていますので、参考にしてください。

免責事項 (P.206～参照)
免責事由に記されたような場合には、支払い事由が生じても給付金は支払われません。

責任開始期 (P.184～参照)
生命保険各社が契約上の保障を開始する時期をいいます。

復活 (P.192～参照)
保険料の払込みがないまま効力を失った契約でも、失効したときから3年以内であれば、主契約の保険料払込期間中に限り、保険会社の定める手続きをとった上で、契約の復活ができます。

この場合、あらためて告知が必要です。契約によっては診査も必要です。

ただし、解約払戻金を請求された場合や、健康状態によっては契約の復活はできません。

払込方法（経路）(P.188～参照)
保険料の払込方法には次の方法があります。
1. 口座振替扱
2. 団体扱
3. 集金扱
4. 銀行・郵便局への振込扱
5. 店頭扱

※一般に、「ご契約のしおり」「定款」「約款」は一冊にまとめられています。契約の申込みをしたときに、営業職員から手渡しされます。
● 「ご契約のしおり」…契約内容の重要事項、諸手続きなどをわかりやすく解説したもの。
● 「定款」…会社の組織や事業運営の基本となる規則などを定めたもの。
● 「約款」…契約の加入から満期までのとりきめを記載したもの。

〈保険約款書式例〉

利益配当付終身保険 （○○）普通保険約款

(平成○年5月15日制定)
(令和○年4月2日改正)

この保険の趣旨
この保険は、被保険者の一生涯にわたって、万一の場合のご家族の保障を確保する保険です。

第1編　この保険契約の給付に関する規定

1．死亡保険金、高度障害保険金

第1条（死亡保険金、高度障害保険金）
1　この保険契約の死亡保険金、高度障害保険金は、つぎのとおりです。

名称	支　払　事　由	支払額	受取人	死亡保険金、高度障害保険金支払わない場合（以下、「免責事由」といいます。）
(1)		保		つぎのいずれかにより被保険者が死亡したとき

4．責任開始

第7条（責任開始）
1　会社は、つぎの時から保険契約上の責任を負います。
（1）保険契約の申込を承諾した後に第1回保険料を受け取った場合
　　第1回保険料を受け取った時

第10条（保険料の払込方法（経路））
1　保険契約者は、会社の定めるところにより、つぎの各号のいずれかの保険料の込方法（経路）を選択することができます。

6．猶予期間および保険契約の失効

第12条（猶予期間および保険契約の失効）
1　第2回以後の保険料の払込については、つぎのとおり猶予期間があります。
（1）月払契約の場合　　払込期月の翌月初日から末日まで
（2）年払契約または半年払契約の場合　　払込期月の翌月初日から翌々月の月ご

8．保険契約の復活

第16条（保険契約の復活）
1　保険契約者は、保険契約が効力を失った日からその日を含めて3年以内は、会社の承諾を得て、保険契約を復活することができます。
2　保険契約者が本条の復活を請求するときは、必要書類（別表1）を会社の本店または会社の指定した場所に提出して下さい。
3　会社が本条の復活を承諾したときは、保険契約者は、会社の指定した日までに復活時までにすでに到来している保険料期間の未払込保険料とこれに対する年6の利率により複利で計算した利息を払い込んで下さい。なお、第25条（保険契約に対する貸付）の規定により効力を失った保険契約を復活させる場合には、会社定の金額も払い込んで下さい。

クーリング・オフ（P.186〜参照）

　申込者または契約者は、保険契約の申込日または領収証の交付日（領収日）のいずれか遅い日から、ある一定の場合を除いて、その日を含めて8日以内であれば、書面により契約の申込みの撤回または解除をすることができます。

払込猶予期間と失効（P.188〜参照）

　保険料は「保険証券」に記載の払込期日内に払い込みます。なお、払込期日内に払込みがない場合でも、猶予期間がありますが、払込みがないまま猶予期間が過ぎると、契約は効力を失います。

告知義務と告知義務違反
（P.178〜参照）

　契約者と被保険者が契約を申し込むときなどに、最近の健康状態や職業、過去の病歴など重要な事項のうち、保険会社が告知を求める事項についてありのままに報告する義務を告知義務といいます。その際に、事実を告げなかったときには、保険会社は告知義務違反として契約を解除することができます。告知義務に違反して契約を解除された場合には、保険金は支払われません。

15. 告知義務

第31条（告知義務）

　保険契約の締結、復活、復旧、付加している特約の保険金額・給付日額の増額または特約の型の変更の際、会社所定の書面で質問した事項について、保険契約者または被保険者はその書面により告知することを要します。また、会社の指定する医師が口頭で質問した事項については、その医師に口頭により告知することを要します。

第32条（告知義務違反による解除）

　1　保険契約者または被保険者が、前条の告知の際、故意または重大な過失により事実を告げなかったかまたは事実でないことを告げた場合には、会社は、将来に向かって保険契約または付加している特約だけを解除（復旧、付加している特約の保険

17. 解約

第36条（解　約）

　1　保険契約者は、将来に向かって保険契約を解約し、解約払戻金を請求することができます。

18. 払戻金

第37条（払戻金）

　1　主契約の解約払戻金は、保険料払込期間中の場合にはその保険料を払い込んだ年月数により、保険料払込済の場合にはその経過した年月数により、別表18の割合で計算します。

保障内容の変更取扱に関する特則

（平成○年6月25日制定）
（令和○年4月2日改正）

この特則の趣旨

　この特則は、保険契約者のニーズの変化に合せて、既に締結されている終身保険契約の死亡保障に代えて、年金払・介護保障・死亡保障を自在に組み合わせた保障を行ない、老後生活の安定・充実を図ることを目的とします。

解約と払戻金（P.196〜参照）

　生命保険では、払い込む保険料が預貯金のようにそのまま積み立てられるのではなく、一部は年々の給付金などの支払いに、また、一部は会社の運営に必要な経費にそれぞれ当てられます。

　したがって、解約の際、払い戻せる金額は、多くの場合、払込保険料の合計額よりも少ない金額となります。特に、契約後経過年数が短い場合は、解約払戻金はまったくないか、あってもごく少額です。解約払戻金の額は契約年齢、性別、保険の種類、保険料払込期間などにより異なります。

転換（P.94〜参照）

　現在の契約を解約することなく、その責任準備金や配当金などを新しい保険の一部に活用する制度です。

●契約転換制度の特長

　ライフサイクルに合わせて、保障内容の見直しを図ることができます。

　長期継続契約に対する配当の権利は新しい契約に引き継がれます。

　契約は最高10件までとりまとめ契約転換できます。

利用方法	特　長
転換制度 （下取り制度）	保障額の見直しと同時に、保険の種類や期間、付加する特約などを総合的に変更することができます。
定期保険特約の中途付加	現在の契約の保障内容や、保険期間は変えずに、死亡保障額を増やすことなどができます。
追加契約	現在の契約はそのまま継続して、その契約とは異なる内容で保障を充実することができます。

「生命保険」がよくわかるガイド

年齢、契約内容、契約方法、性別など、それぞれによって満期までの道のりは異なりますが、ここでは、30歳の男性の例をあげて、具体的に保険にどのように入って、どのように満期を迎えるのか、説明してみました。

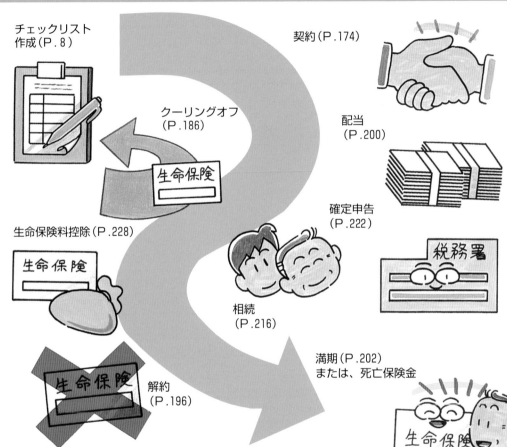

チェックリスト
作成（P.8）

契約（P.174）

クーリングオフ
（P.186）

生命保険

配当
（P.200）

生命保険料控除（P.228）

生命保険

確定申告
（P.222）

税務署

相続
（P.216）

満期（P.202）
または、死亡保険金

生命保険

解約
（P.196）

生命保険

生命保険

各保険の説明

保険の種類	保険の説明	保険にかかる税金の説明
定期保険	P.44〜	P.232
終身保険	P.64〜	P.233
養老保険	P.96〜	P.231
こども保険	P.136〜	P.234
医療保険	P.112〜	P.235
生前給付型保険	P.130〜	P.131

こんな利用法もあります!!

●生命保険の内容、利用法を知りたいとき

生活設計書、商品パンフレット、手引など…

●保険契約の内容、会社の業務を知りたいとき

契約のしおり、約款、定款など…

はじめに

　「生命保険に加入したい」、しかし「どの保険が自分にあっているのかわからない」と思っている人は多いでしょう。しかも皆さんは、複雑に見える生命保険について「要点を簡潔に知りたい」と思っているのではないでしょうか。

　本書は、皆さんのこういったニーズにこたえる形で構成してあります。ですから最初のページからきちんと読んでいただいても結構ですし、「クーリングオフって何だろう」と思ったら、目次でそのページを探して、その項目だけ見ていただいても結構です。生命保険に大切などの項目も、ほぼ見開きで完結しています。そのため、知りたいポイントが一目でわかるようになっています。

　最近では、2017年に予定利率が変更され、2018年は標準生命表の改定によって、保険料が変更されました。これによる影響を受けるのは新規契約者です。そのため、同様の生命保険契約者の保険料でも、契約時期により異なった金額となることがあります。このような事情を考慮して、本書の保険料には、最新の金額はもちろん、既存契約中の保険料も含まれています。定期保険、終身保険、養老保険、医療保険など、さまざまな生命保険を解説するところでは、新しい保険料などの数字に基づきながら、具体的にその特徴を示すとともに、図、表、グラフなどを活用して説明してあります。

　「保険の加入から受け取りまで」では、約款など、法律的な問題について取り上げ、さらに「生命保険と税金」では、受け取った保険金に対する税金についても解説しています。

　それでは、あなたの入りたい保険はどのようなしくみになっているのか、そのページを開いてみましょう。

　なお、本書の作成にあたっては、生命保険協会加入各生命保険会社および多数の関係団体、個人の方々にご協力いただきました。厚くお礼申し上げます。

ライフプラン研究会

PART 3 生命保険商品のポイント

PART ④ 生命保険の加入から受け取りまで

SECTION 1　生命保険への加入

SECTION 2　保険金の受け取り

PART ⑤ 生命保険と税金

保険の話

＊本文中の金額については、原則として2024年5月1日現在の価額です。（編集部調べ）
口絵レイアウト●榎森宏美　本文レイアウト●風間正江、榎森宏美　イラスト●くぼ ゆきお

PART 1

生命保険とは何か

1 生命保険に加入するときのチェックポイント

子どもが小さいので万が一の保障が必要、家計は厳しくても必要な保障は確保しておきたい、老後の生活に役立つ保障がほしい、病気やけがで入院しても安心できる保障を、など生命保険に加入する目的はさまざまです。はじめに、加入時のチェックポイントを見てみましょう。

生命保険に加入するときのポイント

生命保険は、年金や健康保険などの公的保険や預貯金などによる保障では十分でない部分を補ったり、カバーできない部分を保障するために個人や団体で加入する保険です。厳しい経済情勢のなかで予定利率の引き下げが続き、家計を見直す一つとして生命保険の見直しも話題になっています。保険加入の目的を点検することで、どのような保険が必要なのかを把握しましょう。

●生命保険に加入するときのチェックポイント●

1	生命保険に加入することによって、あなたの目的（　　　　　　　　）は達成されますか。	（はい・いいえ）
2	生命保険に加入する以外の方法で、あなたの目的を達成することはできませんか。	（はい・いいえ）
3	生命保険に加入するにあたり、「不純な目的」が含まれていませんか。	（はい・いいえ）
4	保険の種類は目的に照らして合理的ですか。	（はい・いいえ）
5	保険金額は妥当な金額ですか。必要な保障から見て多すぎませんか。	（はい・いいえ）
6	保険料は妥当な金額ですか。家計から見て過度の負担ではありませんか。	（はい・いいえ）
7	保険金の受取人に問題はありませんか。	（はい・いいえ）
8	保険会社等保険加入によって利益を得る人以外の意見を聞いていますか。	（はい・いいえ）

1 必要な保障内容をはっきりさせ、必要な保障期間と保障額を考える

生命保険に加入する目的には、「夫が死亡したときの家族の生活保障」、「老後の生活保障」、病気やけがなどによる医療費の保障」など、具体的なことがあげられるはずです。保険加入の目的がはっきりしていないと、必要以上の保険金を設定して多額の保険料を支払うことになったり、必要のない特約のためにむだな保険料を支払うことになったりします。

「必要な保障は何か」をはっきりさせ、目的を達成するために「必要な保障期間はいつまで、保障額はいくらか」ということを計算してみましょう。

2 公的保険や預貯金などとの役割分担をはっきりさせる

生命保険に加入する目的はさまざまですが、強制的に加入している公的保険で保障がカバーされることもあります。老後の保障として老齢年金があり、万が一の場合や障害を負った場合には遺族年金や障害年金があります。病気・けがなどで入院する場合、健康保険によって自己負担は3割に抑えられ、高額療養費について負担を軽減するしくみもあります。

生命保険と比べ、公的保険や預貯金などの有利な点、不利な点を箇条書きにしてみると生命保険との役割分担を考えることに役立ちます。

3 必要な保障内容と関係ない加入目的は後悔のもと

「不純な目的」とは、たとえば「親戚の子が生保会社に就職してノルマだからと頼まれたから」、「外交員がかわいいから」、「税金が減るから」といった、必要な保障と関係ない目的のことです。

4 保険の種類は保障の目的から決める

保険の種類は必要な保障内容から決めるべきです。節税のために保険加入する人がいますが、税金が減るのは結局、所得や財産が減るからであって、その分の税金は、保険会社や外交員が納めているのです。

5 必要のない保険金のために多額の保険料を払うのは考えもの

保険金は必要な保障額から決めるべきです。万が一のときなど、本当にその金額が必要かをよく考える必要があります。公的保険や預貯金など、生命保険以外から補填される金額分の保険金は必要ないものだといえます。

6 現在の生活を第一に考える

毎月支払う保険料が現在の家計から見て負担が大きく預金ができない、さらに消費者金融などから高利の借入れをせざるを得ないなどのことが予想されるのならば、保険料の金額を減らしましょう。現在の生活が第一です。

7 受取人により税金は変わる

生命保険の受取人を誰にするかによって、保険金収入にかかる税金は変わってきます。本書PART5の224ページ以下を参照してください。

8 家族とも相談して加入を決める必要がある

生保会社の外交員とだけ話して保険加入を決めるのはよくありません。家族や生命保険に詳しい第三者と相談してから保険の加入を決めましょう。

2 あなたのリスク分析表

　生きていくうえで起こりうる出来事を予測し、常にこれに備えることが人生を安全におくる秘訣だと思います。あくまでも予測であり、現実はこのとおりにはならないのですが、まったくの無策より、備えをしているほうが、損害などが少なくてすむでしょう。

リスク分析表の作成

　リスクとは、将来起こりうる危険のことです。リスク分析表を作成することにより、現状を把握し、対策を考えることができます。保険のかけすぎや、足りなさすぎにも気がつくでしょう。社会環境の変化やこどもの成長などにより、このリスク分析表は陳腐化します。したがって、1年に一度は見直すとよいでしょう。リスク分析表の作成は、夫婦や家族で話し合う機会を提供してくれます。

　記入方法と例示を参考に、自分に合ったものを作ってみるとよいでしょう。

リスク・チェック

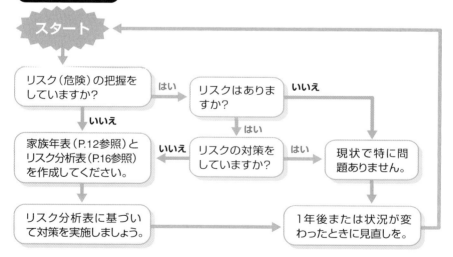

●家族年表の作成

　リスク分析表を作成する前に家族年表を作りましょう（P.12）。家族の誰が、いつ、どのような状況になるのかを一覧表に記入し、これをもとにP.16にあるリスク分析表の⑴内容、⑵必要な時期、⑶必要な金額、を記入します。

家族年表［記入例］

名　前	現在	0～10年後 2024年～2034年	11～20年後 2035年～2044年	21～30年後 2045年～2054年	31～40年後 2055年～2064年	41～50年後 2065年～2074年
生也（夫）	28歳	28歳～38歳	39歳～48歳	49歳～58歳	59歳～68歳	69歳～78歳
		TOEIC600点（33） 住宅購入（35）	TOEIC700点（40） 海外旅行（42）	昇給ストップ（50）	定年（60～） 再雇用（60～） 年金（65～）	ローン完済（70）
命子（妻）	26歳	26歳～36歳	37歳～46歳	47歳～56歳	57歳～66歳	67歳～76歳
		簿記検定2級取得（30） 住宅購入（33）	就職（38） 海外旅行（40）		定年（60～） 再雇用（60～） 年金（65～）	
保恵（長女）	3歳	3歳～13歳	14歳～23歳	24歳～33歳	歳～　歳	歳～　歳
		小学校入学（6） 中学校入学（12）	高校入学（15） 大学入学（18） 就職（22）	結婚（？）		
険太（長男）	1歳	1歳～11歳	12歳～21歳	22歳～31歳	歳～　歳	歳～　歳
		小学校入学（6）	中学校入学（12） 高校入学（15） 大学入学（18）	就職（22） 結婚（？）		
		歳　歳～　歳	歳～　歳	歳～　歳	歳～　歳	歳～　歳

One Point　家族でリスク対策を考えましょう

☆一人ひとりがこの表を作るのではなく、家族で一つの表を作ります。

☆対策に無理はないか、実現可能か、現在の生活と将来の生活とのバランスを考えます。

☆リスクが発生する可能性や、発生した場合の金額はあくまでも予想ですので、あまり細かくしたり思い悩んだりせず、ある程度の正確さがあればよいでしょう。

☆生命保険だけでなく、預金や公的保険なども一緒に考えます。

☆家族年表とリスク分析表は次回作成する際の参考にするため、保存しておきます。

11

●家族年表

それでは実際に記入してみましょう。

名　前	現在	0～10年後 　年～　　年	11～20年後 　年～　　年	
	歳	歳～　　歳	歳～　　歳	
	歳	歳～　　歳	歳～　　歳	
	歳	歳～　　歳	歳～　　歳	
	歳	歳～　　歳	歳～　　歳	
	歳	歳～　　歳	歳～　　歳	

	21〜30年後 　年〜　　　年	31〜40年後 　年〜　　　年	41〜50年後 　年〜　　　年
	歳〜　　歳	歳〜　　歳	歳〜　　歳
	歳〜　　歳	歳〜　　歳	歳〜　　歳
	歳〜　　歳	歳〜　　歳	歳〜　　歳
	歳〜　　歳	歳〜　　歳	歳〜　　歳
	歳〜　　歳	歳〜　　歳	歳〜　　歳

●リスク分析表の記入方法および記入例

	(1)内　容	(2)必要な時期	(3)必要な金額	(4)現在の残高
死　亡	葬式費用、相続税、遺産分割用資金、遺族の生活費（こどもが成人するまで。老後の生活費は「老後」欄へ）など			定期保険、終身保険などの死亡時の保険金額、預金
老　後	夫婦（定年から夫の死亡まで）と妻（夫の死亡から妻の死亡まで）の2つに区別します。両親の老後もここに記入します	定年から。一時に全額が必要というわけではありません	持ち家か、賃借かによって生活費が変わってきます	厚生年金、国民年金などの公的年金と年金保険、預金など
病　気ケ　ガ	家族全員を対象とし、病気、ケガについて記入します。年齢、職業、持病の有無など各家庭により発生する確率は異なります	不明です。こどもが小さいときと年齢が上がるにつれて確率は増えるといえるでしょう	治療費、入院費用、休業中の生活費など	医療保険、障害保険、所得補償保険、預金など
経営難・失業	給与所得者と個人事業主や会社経営者では内容が異なります。ボーナスカットというリスクもあります		給与所得者なら再就職までの期間の生活費。個人事業主や会社経営者の場合は業種や規模、従業員の人数などにより個人差がかなりあると思います	給与所得者は雇用保険。個人事業主は小規模企業共済など
災　害	火災、水害、地震など。住んでいるところにより異なります		復旧するためにかかる費用	火災保険など

［記入例］

	(1)内　容	(2)必要な時期	(3)必要な金額	(4)現在の残高	
死　亡	夫	不明	7,400万円	4,650万円	
老　後	夫婦妻	夫60歳以降	年間360万円（15年）年間240万円（20年）	年間280万円	
病　気ケ　ガ	夫妻こども（2人）	不明。年齢が上がるにつれて増加		医療保険 1日3,000円預金50万円	
経営難・失業	今のところリスクなし退社、転職の考えなし				
災　害		不明	火災100万円	火災保険100万円	
教　育	こども2人　大学入学妻　簿記学校	15〜17年後現在〜4年後	200万円20万円	0円20万円	
住　宅	マンション購入	7年後	500万円	150万円	
車・家電	自動車買い換え	2年後	200万円	0円	
夢	夫婦で海外旅行	14年後（勤続20年休暇）	未定	なし	
そのほか					

	(1)内　容	(2)必要な時期	(3)必要な金額	(4)現在の残高
教　育	こどもだけでなく、夫婦の教育費も考えます	こどもの年齢により、あらかじめわかります	教育方針によりかなり異なります	こども保険、預金など
住　宅	住宅の購入を考えている人は頭金の金額。住宅を購入した人は住宅ローンの返済とリフォームの積立てを考えます			住宅債券、預金、住宅ローンなど
車・家電	数年に一度購入するものについて記入します			
夢	夢の実現はリスクとはいいませんが、お金のかかるものであればこの表の中で考えます			
そのほか	その家庭特有のリスクを考え、あればその対策を考えます			

差　額　[(4)-(3)]	必要な金額　[(3)の内訳]	現在の残高　[(4)の内訳]	差額の減らし方
△2,750万円	生活費月30万円×20年 葬式費用200万円	生命保険4,000万円 退職金50万円 預金利息600万円（20年間）	保険の4,000万円は40歳までだったので全面的に見直します。終身保険にするか考えます
年間△80万円（15年） 年間　40万円（20年）	生活費月30万円×15年（夫婦） 生活費月20万円×20年（妻）	年金保険　年間100万円 厚生年金　年間180万円	
		医療保険　1日入院3,000円 預金50万円	医療保険の高額化を検討します。預金50万円は住宅頭金にまわします
		雇用保険 退職金	不要
地震保険に 入っていなかった			地震保険の特約をつけます
△200万円 0円	入学金100万円×2人 簿記学校20万円	なし 夫のボーナスより出します	毎月1万円を預金します (1万円×12月×15年＝180万円)
△350万円	頭金400万円 諸手続100万円	定期預金150万円	病気用預金流用50万円 住宅財形加入月2万円、ボーナス時10万円　計308万円+利息
△200万円	新車200万円	なし	今の車をもう2年長く使い、1年後再検討します
？		妻就職（38歳）	

●リスク分析表

それでは実際に記入してみましょう。

	(1)内　容	(2)必要な時期	(3)必要な金額	(4)現在の残高	
死　亡		不明			
老　後					
病　気ケ　ガ		不明。年齢が上がるにつれて増加。			
経営難・失業					
災　害		不明			
教　育					
住　宅					
車・家電					
夢					
そのほか					

年　　月　　日　作成

生命保険とは何か

1

生命保険の種類

生命保険商品のポイント

生命保険の加入から受け取りまで

生命保険と税金

差額 [(4)−(3)]	必要な金額 [(3)の内訳]	現在の残高 [(4)の内訳]	差額の減らし方

3 民間の保険と公的な保険

　保険には民間の保険と公的な保険があります。それぞれの内容を理解して、保障の重複やもれのないようにしましょう。
　また、公的な保険は、強制力がある点で税金とあまり変わりませんので、税金と同じように関心を持つ必要があります。

民間の保険と公的な保険との相違

	民間の保険	公的な保険
目的	国民生活の安定 （保険業法第1条）	国は、社会福祉、社会保障および公衆衛生の向上および増進に努めなければならない（憲法第25条）
性格	任意	強制 （小規模企業共済および中小企業退職金共済は任意）
種類	生命保険 損害保険	健康保険、介護保険 雇用保険、労災保険 厚生年金、国民年金 小規模企業共済 中小企業退職金共済など
保険金の額	契約により異なる。一度決めたら不変で、配当は変動する	法律により一定額 法律の改正により変わる

保険金の支払保障	金融庁が保険会社を監督する	国の事業
解約	自由	できない （小規模企業共済および中 小企業退職金共済は自由）
保険料の決め方	自由 （上限あり）	税金のようなもので所得に応じて決まる （小規模企業共済および中 小企業退職金共済は任意 （上限あり））
税金　支払時	生命保険料控除など若干の配慮あり	全額所得控除など、かなりの配慮あり
受取時	若干の配慮あり	非課税または優遇税制

将来を予想して、保険を考えましょう

　厚生年金や国民年金は、自分が在職中に納めた金額を将来利息をつけて自分がもらうのではなく、今、自分が納めている保険料は今どこかの誰かが受け取り、将来自分が受け取る年金額は、その受け取る時期に納めている人の保険料によります。

　現在の日本では今後ますます平均寿命が延びて、年金をもらう人の数が増え、その一方で、逆にこどもの数が減ってきて将来納める人の数が少なくなります。したがって将来的には、支給開始年齢の引き上げ、支給金額の減少、所得制限や資産制限（一定額以上の所得や資産のある人には支給しない）、納付金額の増加、増税などが行われることが考えられます。将来の生活を考えるときには、これらのことを念頭におく必要があります。

4 預金と生命保険とはどう違うか

　金銭面からみると、将来のリスクに備える手段として、「保険」と「預金」があります。

　預金と保険とはどう違うのでしょうか。保険と預金の性格の違いを理解して、合理的な将来設計を立てましょう。

預金と生命保険との違い

●預金と生命保険の特徴

　生命保険は契約のその日から、死亡などの場合に、保険金の全額が支払われますが、預金の場合は必要額に達するまでには時間がかかります。

　いつ起こるかわからないリスクには生命保険、期日のわかるリスクには預金がよいでしょう。

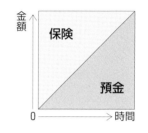

●長期と短期

　預金の期間は、満期の定めがなく、いつでもおろせる普通預金や貯蓄預金、1か月や1年満期の定期預金など、比較的短期のものが多く、これに対し生命保険は、10年満期や終身（死ぬまで）など長期のものが多いといえます。

　将来の予測は、予測する期間が長ければ長いほど難しいといえます。また、誤った決断をすると、誤った状況が長期にわたって継続することになります。

●解約の損得

　預金を解約した場合には、元本＋預金の利息が戻りますが、生命保険の場合には、まったく戻ってこない場合（掛け捨て）や、一部しか戻ってこない場合（契約してから日が浅い場合など）があります。

　これは、生命保険では契約から解約までの間、もし死亡した場合に保険金を受け取ることができるというサービスを受けていたわけで、このサービスに対する代価の分が戻ってこないといえます。解約を考えた場合、生命保険に加入するときは預金をするとき以上に慎重になる必要があります。

●目的以外に備えられるか

　預金は満期になれば元本と利息の合計額が自由に使えますし、途中で解約しても元本＋預金の利息を自由に使うことができます。生命保険の場合には、保険金がおりるのは契約で定めた場合だけなので、当初の目的以外には使いづらいといえます。

　たとえば、預金なら住宅取得にも老後の生活費にも使えます。しかし、死亡に備える生命保険を途中で住宅取得のために使うことは難しいでしょう。

●利息と保険金

　預金者には必ず全員に利息がつきますが、保険金は全員が受け取るわけではありません。その分、万が一の場合の一人当たりの保険金受取額は多いのです。

●税金

　預金は原則として利息の20.315％が税金となります。保険にかかる税金については、PART 5 の「生命保険と税金」(P.223以下)を参照してください。

●一時的な資金の借り入れ

　預金は総合口座、生命保険は契約者貸付金により一時的な資金の借り入れができます。ただし、預金の総合口座のほうが利率は低く、また銀行の店舗が多いことから借りやすいということがいえます。

●預金と保険の中間

　生命保険でも、養老保険や財形保険など、貯蓄性のある保険もあります。

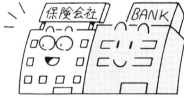

One Point　**預金と生命保険のバランス**

　預金がよいか、生命保険がよいかではなく、要は両者のバランスです。また、人それぞれがおかれている状況によってもかなり違います。リスク分析表を作成しながら、将来を予想（自分、家族、世の中）して自分に適した預金と保険を考えましょう。

⑤ 生命保険と物価上昇との関係

　　生命保険の金額は、万が一のときの必要金額と保険料の支払能力（毎月いくら支払えるか）から計算します。万が一のときの必要金額はリスク分析表を作成しながら考えますが、難しい点は物価上昇（インフレーション）についても考える必要があるからです。

生命保険と物価上昇

　物価変動率の予想は不可能ですが、毎年物価が変動する（一定ではない）ということだけは確かです。このため、万が一のときの必要金額を考える場合、とくに物価上昇分を考える必要があります。

　生命保険の保険金は契約時の金額で変わりません。例外として、変額保険、配当、特別配当があるのみです。忘れてはならないのは、毎月支払う保険金のほうも金額が変わらないため、物価上昇（インフレ）によって負担が軽くなっていくということです。その分をほかのことに使うのではなく、保険の見直しが必要になってくるのです。

物価上昇にどう対応したらよいか

①「リスク分析表」を作成するときには、物価上昇率を考慮しましょう。

〈老後の生活費の出し方〉

物価上昇率					
	1 %	2 %	3 %	5 %	7 %
5 年後	1.051	1.104	1.159	1.276	1.403
10年後	1.105	1.219	1.344	1.629	1.967
15年後	1.161	1.346	1.558	2.079	2.759
20年後	1.220	1.486	1.806	2.653	3.870
25年後	1.232	1.641	2.094	3.336	5.427
30年後	1.348	1.811	2.427	4.322	7.612

（例）今の物価水準で30万円を20年後の老後の生活費とすると、物価上昇率が2％なら30万円×1.486（2％と20年後の交点）＝44万5,800円、5％なら30万円×2.653（5％と20年後の交点）＝79万5,900円が20年後にかかる生活費です。

②「リスク分析表」を定期的に（できれば年1回）見直しましょう。作成時、または前回の見直し時以降の変更事項を記入するときに、当初予想した物価上昇率と実際の物価上昇率との差を修正しましょう。

ほかの金融商品と物価上昇との関係

物価上昇対抗力	
現　金	×
預　金	△
株　式	○
不動産（土地）	○
金地金（金の延べ棒）	○

　変額保険は保険料を株式・債券で運用し、運用結果を保険金に反映させる保険なので物価上昇に対応しているといえます。ただし、株価の変動も反映してしまうので、20年、30年といった超長期の視点で見ておく必要があります。

One Point　物価上昇の対策は、日頃の関心が大事

　物価上昇対策は、「リスク分析表」の定期的な見直しにつきます。
　このほか、一人ひとりが税金の使い道に関心を持ち、インフレの原因にもなる国債の残高が増えないようにすることも予防の一つです。
　一番の対策法は、いつの時代でも稼げる力を一人ひとりが持っていることですが、なかなか難しいことです。
　なお、公的年金には物価スライドの制度があります。

6 配当とは

　一般に配当というと株式会社の株主が受け取るお金ですが、保険にも配当という制度があります。保険料は将来を予想して決めますが、配当は払込金額に対して余剰が生じた場合に戻してくれるものです。

　配当の種類や税金について見ていきましょう。

配当とは何か

●配当の種類

　配当は次のように分類できます。

①費差配当	会社を運営するための経費が、予想より少なかった場合の配当です。
②死差配当	実際の死亡率が、予想の死亡率より低かった場合の配当です。
③利差配当	実際の資金の運用利率が、予想の運用利率より大きかった場合の配当です。
④特別配当	10年以上継続している契約に対して支払われる配当です。これによって、物価上昇による保険金額の低下を多少弱めることができます。

●無配当保険とは

　無配当保険とは、もともと配当を支払わない保険です。ただし、配当がない分、保険料が安く設定されています。

配当と税金

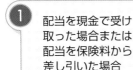
① 配当を現金で受け取った場合または配当を保険料から差し引いた場合

➡

所得税および住民税の生命保険料控除の計算にあたって、保険料から配当を差し引きます

② 保険金と配当を一緒に受け取った場合

➡

保険金と配当金を一緒にして計算します

●配当はどの会社も一緒でしょうか

　配当の額は会社によって違います。経費の節約をしたところと節約のできなかったところ、貸付金の利息がちゃんと入ってきている会社とそうでないところ、元本も戻ってこない会社など、会社によって業績は違いますので、配当の金額も違ってくるわけです。

　今後、保険商品や保険会社に対する国民の知識が高まってくるにつれ、業績の悪い会社からよい会社へと保険契約の移動が起こることが考えられるので、これによってさらに業績の差がでてきて、配当の格差もますます開いていくと思われます。

One Point　　各生命保険会社の配当率は新聞を参考に

　生命保険会社各社の配当率などは、新聞に発表されるので比較の参考にするとよいでしょう。

　ただし、配当は将来の予測に関係することなので、これに過大な期待をよせて保険に入ることは避けたほうがよいでしょう。

⑦ 解約返戻金とは

解約返戻金とは、保険契約を解約したときに戻ってくるお金です。解約しても支払った保険料の全額が戻ってくるわけではありません。なぜなのでしょうか。その理由とともに、契約者が注意すべき点を見てみましょう。

解約返戻金の計算方法

解約返戻金（定期保険P.46、終身保険P.66、養老保険P.102参照）の計算は下記のとおりです。

支払済み保険料の総計

経費
契約した時点でかなりかかります

契約から解約までの保障部分
契約してから解約までの間、万が一自分が死亡した場合には、保険金が支払われていたはずです。この部分の保険サービスについては戻ってきません

配当
特別配当は契約して10年経たないともらえません

解約返戻金

生命保険会社の事情

生命保険会社は契約者から集めた保険料を不動産、有価証券、貸付金という形で長期的に運用しています。すぐに返さなくてもよいと思って、そのお金でビルを建て家賃収入を得ようとしたら、「解約だ、保険料を返してくれ」と言われてしまいました。このようなことになってしまったら、生命保険会

社は困ってしまいます。保険業務にかかる費用は、ほとんどが契約時のものです。外務員に手数料を支払ったり健康診断を行ったり、契約書を作ったりします。それですぐに解約されては困るわけです。

　保険会社はたくさんの社員（＝契約者、≠従業員）から成り立っており、1人の契約者を優遇して、ほかの契約者に損失を与える訳にはいきません。そのため、あまり多くの保険料を返すわけにはいかないのです。

契約者としての注意点

◎契約する前によく考えましょう。

・家族年表とリスク分析表を作ってみましょう。

・できれば1人で決めるのではなく、夫婦、家族で相談しましょう。

◎保険期間は長期にわたるので、当初想定していないことが起こり得ます。契約にあたっては、なるべく柔軟に対応できるようにしましょう。

例・一生独身のつもりが、資産家と結婚することになった。

・会社が倒産して失業し、保険料を支払うことができなくなった。

・脱サラしたいが、開業資金が不足している。もう少し預金していればよかった。

◎一時的に資金が不足するかもしれません。そのような場合には契約者貸付金の利用も考えましょう。どれだけ借りられるかは保険会社に問い合わせれば教えてくれます。ただし、やや利息が高いので注意が必要です。

◎一度解約してまた入る場合、健康診断でひっかかる可能性があります。

◎そのほか、生命保険会社に直接相談してみるのもよいでしょう。外務員の方より、本社や支社の相談担当の方のほうが相談しやすいことがあるかもしれません。

One Point　　ちょっと待って！　解約して本当に損しない？

　解約するときは、今まで保険料を支払ってきたことを忘れて、①解約のメリット、②解約のデメリット、③②の解決策、の3つを書き出し、冷静に考えてみましょう。

27

⑧ 保険金額は高いほどよいか

　保険金の額は、万が一の場合にいくら必要かということを予想して決めますが、将来のことは誰にもわかりません。1年後のことすらわからないものです。それでは、保険金の額はどのように決めればよいのでしょうか。多ければ多いほどよいのでしょうか。

お金の出所と使い道

　一人ひとりの生活スタイルは異なりますが、まとめれば以下のようになるでしょう。これを見ながら生命保険をどうするか考えてみましょう。

　選択肢は以下のとおりです（右ページの図を参照）。

❶今の消費を給料などの所得だけでまかなうか、それとも借金をするか。借金をすればその返済が必要です。返済のためには、将来の消費を抑える必要があります。

❷消費するか、将来のために自己投資するか。

❸消費するか、それとも預金するか。預金は将来の消費のために保管しているものです。

❹消費するか、それとも保険に入るか。保険は将来の不意の出費に備えるものです。保険料が多くて、現在の生活レベルを低くし過ぎていませんか。

❺消費するか、それとも借入金の返済をするか。

❻預金するか、自己投資するか。自己投資には利息がつきませんが……。

❼預金するか、それとも保険に入るか（P.20参照）。

❽預金するか、それとも借入金の返済をするか。高利の借金の返済にまわしたほうが預金するよりよいケースも多くあります。ただし、一括返済すれば利息は得でも、新規の借り入れが難しければある程度の預金を残しておいたほうがよいでしょう。

❾保険に入るか、それとも借入金の返済をするか。❽と同じです。

❿自己投資すれば、将来の所得の増加につながる場合があるでしょう。

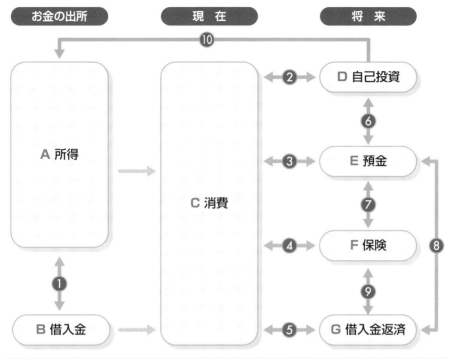

A 所　得	贈与されたお金やアルバイト収入もここに入ります。
B 借 入 金	クレジットでの購入や契約者貸付金の利用も含まれます。
C 消　　費	生活費のほか、税金、社会保険料、友人などへの貸し付けも消費とみなします。
D 自己投資	一見消費のようですが、将来の自分を高めるために使うお金はここにおきます。自己投資は将来の所得を高めることにもなるでしょう。
E 預　　金	株式などリスクのあるものも、ここでは預金に含めます。
F 保　　険	貯蓄保険は預金とみなしてよいでしょう。
G 借入金返済	クレジットでの支払いや契約者貸付金の返済も含まれます。

One Point　生き方の問題＝保険金額の問題!?

　生命保険の保険金の額は、個々人の価値観、生き方の問題で、要はバランスです。ただし、「備えよ常に」というボーイスカウト・ガールスカウトの標語を覚えておいてください。

保険の話 ● 生命保険の「窓販」、外貨建保険

　生命保険の「銀行窓販」または「窓販」とは、生命保険を銀行など生命保険会社以外の金融機関の窓口で販売すること。2007年に全面解禁されて以降、銀行では、投資信託の販売が停滞するなかで窓販による生命保険の販売を拡大、年間約6兆円もの市場規模に達しています。

●投資信託より高い販売手数料!!

　銀行が窓販で生命保険を販売すると、生命保険会社から銀行に販売手数料が支払われます。2015年度には銀行での手数料収入の40%超にも拡大。投資信託の手数料は契約者が直接支払いますが、生命保険では保険会社から銀行に。契約者には、保険手数料の額はわからず、「銀行は手数料の高い保険商品を販売しているのでは？」との疑問の声が上がり、国会でも取り上げられました。

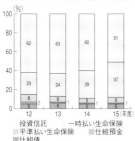

■銀行における販売手数料等の比率推移

投資信託　一時払い生命保険
平準払い生命保険　仕組預金
仕組債

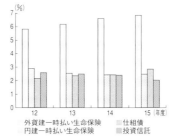

■投資信託、一時払い保険、仕組債の平均手数料率の推移

外貨建一時払い生命保険　仕組債
円建一時払い生命保険　投資信託

　金融庁が調査したところ、生命保険の手数料は投資信託など他の金融商品よりも高めに設定されていたことがわかりました。

　2016年10月、金融庁からの要請を受け、窓販手数料が開示されるようになりました。

●複雑なしくみの外貨建保険でトラブルが増加!!

　外貨建保険は、「相続税制が改正され、相続時の節税効果等がある」、「国内は超低金利だから、円建てよりも高利回りが期待できる」などと窓販の主力。なかでも、運用を定額部分と変額部分で行う一時払い外貨建保険が急増しています。

　ところが、複雑なしくみや契約時の説明不足などでトラブルが増加。契約した高齢者の親族から「為替リスクがある商品であることの説明が尽くされたとは思えない」との苦情が多数寄せられています。

　金融機関は積極的に外貨建生命保険を勧めてきましたが、これは為替換算手数料が金融機関の毎月の収入になるからで、加入者としては保険料の中に為替換算手数料が入る分、割高になることに注意する必要があります。

　外貨建保険には常に為替リスクが伴うことを忘れないとともに、金融業者には「顧客本位の業務運営」を行ってほしいものです。

30

PART 2

生命保険の種類

1 生命保険のベーシックタイプ

　TV、新聞などで新発売の生命保険商品のCMを見ながら、「今までのものと、一体何がどう違うの？」と思う方は多いでしょう。これら無数の生命保険も、実はたった３つのベーシックタイプの組み合わせやバリエーションにすぎないのです。

タイプ１　死亡保険

　死亡保険とは、保険の加入者（これを「被保険者」という）が死亡したときに限り、保険金が支払われるものです。この場合に、保障期間（これを「保険期間」という）を被保険者の死亡時までとするものを「終身保険」といい、加入時から10年または15年とか、被保険者の60歳または70歳に達するまでというように、一定の期間に限定したものを「定期保険」とよびます。

タイプ２　生存保険

　生存保険とは、被保険者が一定の保険期間の満了まで生存していた場合に限り保険金が支払われるもので、死亡保険とは異なり、保険期間内に死亡しても死亡保障は行われません。タイプ１の定期保険の正反対の保険です。
　生存保険は、満期まで生存した被保険者には貯蓄として意味のあるものとなりますが、保険期間の途中で被保険者が死亡した場合、遺族にとっては無意味なものとなってしまいます。したがって、現実には死亡保障をつけたり、

定期保険と組み合わせたりして販売されています。個人年金や貯蓄保険など
がこれに該当します。

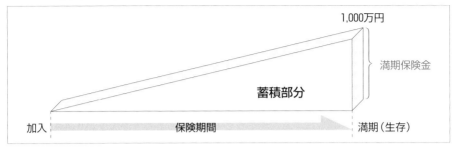

タイプ3　生死混合保険

　生死混合保険とは、前記の2つを組み合わせたもので、被保険者が一定の
保険期間内に死亡したときは死亡保険金を支払い、保険期間満了まで生存し
たときは満期保険金を支払うというものです。養老保険はこの典型です。

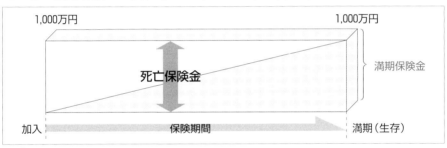

One Point　こんな場合にも保険金が支払われる

　次の「高度障害状態」になった場合にも、保険金が支払われます。
(1)両眼の視力をまったく永久に失ったもの
(2)言語またはそしゃくの機能をまったく永久に失ったもの
(3)中枢神経系または精神に著しい障害を残し、終身常に介護を要するもの
(4)胸腹部臓器に著しい障害を残し、終身常に介護を要するもの
(5)両上肢とも、手関節以上で失ったか、またはその用をまったく永久に失ったもの
(6)両下肢とも、足関節以上で失ったか、またはその用をまったく永久に失ったもの
(7)1上肢を手関節以上で失い、かつ、1下肢を足関節以上で失ったか、またはその用
　をまったく永久に失ったもの
(8)1上肢の用をまったく永久に失い、かつ、1下肢を足関節以上で失ったもの

② 消費者ニーズと各種の商品

　実際に販売されているさまざまな種類の生命保険の商品は、どのような体系になっているのでしょうか。そして、それらの商品は、わたしたちの日々の生活場面で起こってくる、どのようなニーズに応えることができるのでしょうか。

生命保険の商品体系

　生命保険の商品の種類を個人向けと団体向けとに分けて前項の分類にしたがって整理すると、おおよそ下の図のようになります。

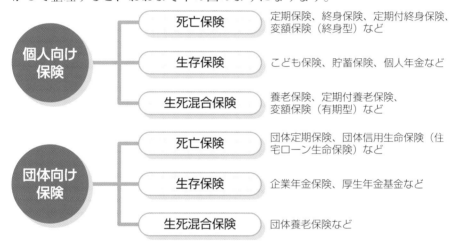

個人向け保険	死亡保険	定期保険、終身保険、定期付終身保険、変額保険（終身型）など
	生存保険	こども保険、貯蓄保険、個人年金など
	生死混合保険	養老保険、定期付養老保険、変額保険（有期型）など
団体向け保険	死亡保険	団体定期保険、団体信用生命保険（住宅ローン生命保険）など
	生存保険	企業年金保険、厚生年金基金など
	生死混合保険	団体養老保険など

　これらの生命保険の商品は、生命保険各社・損害保険各社のほかに郵便局やＪＡ（農業協同組合）、各種共済でも販売しています。

ニーズによる商品の分類

　各種の商品と消費者ニーズとの関係については、通常、次ページの表のように説明されることが多いようです。

消費者のニーズ／生命保険の種類	死亡後の遺族保障	入院・治療費	老後の資金	教育資金	貯蓄	相続資金	ローンの返済	インフレ対策
普通養老保険	○		○		○	○		
定期付養老保険	○		○		○	○	○	
一時払養老保険	○		○		○	○		
生存給付金付定期保険	○			○	○			
定期保険	○						○	
終身保険	○		○			○	○	
定期付終身保険	○					○	○	
連生終身保険	○					○		
こども保険		○		○				
貯蓄保険					○			
変額保険	○		○		○			○
団体保険	○		○		○		○	
簡易保険	○	○	○		○	○		
共済制度	○	○	○		○	○		
医療・介護保険		○						
個人年金保険			○					

One Point　生命保険への加入は、驚くほど自動車の購入とソックリ!!

①ニーズに合った種類（車種）を決めて、②必要な保険金（排気量○○CC）を決め、③特約（カーステレオ、カーナビなど）をつけ、④保険料（自動車の価格）の支払方法（一括払いか分割払い）などを決めます。

　そして、保険金や保険料の額からみれば、生命保険への加入は超高級自動車や住宅（マンション・一戸建て）の購入といって差し支えないものです。

　また、保険の見直しは、自動車ならば新車への買い替えに相当するもので、このときには、中古車の下取りとそっくりの制度まであります。

③ 生命保険の専門用語

生命保険の理解に不可欠な専門用語を、キチンと理解しておきましょう。

たとえば、「保険金1,000万円」というのは大した額ではありませんが、「保険料1,000万円」となると大金です。

生命保険の専門用語

●保険契約者

保険契約者とは、生命保険契約の当事者として保険者と契約を締結し、保険料の支払義務を負う人です。

●保険者

保険者とは、契約の対象となっている危険を引き受け、保険契約者から保険料を集め、保険制度の管理運営を行い、保険事故が発生した場合に保険金の支払義務を負う者です。具体的には、生命保険各社などのことです。

●被保険者

被保険者とは、その人の生死が保険事故とされる人、つまり保険加入者のことです。被保険者には、その人が契約者自身である場合と、契約者とは別人である場合があります。後者の場合において、被保険者以外の人を保険金受取人として指定する場合（下の図の例）には、被保険者の同意が必要です。

これは、保険金をめぐる犯罪を防ごうという考えによるものです。

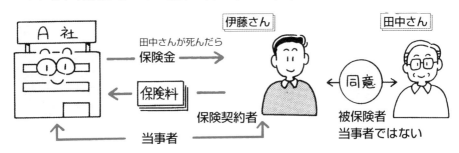

●保険金受取人

保険金受取人とは、保険事故が発生した場合には保険金の支払先として契約者が指定した人のことです。契約者自身が保険金受取人になる場合（例えば、養老保険の満期保険金を契約者自身が受け取る場合）と契約者以外の人が保険金受取人になる場合（例えば、契約者である夫の死亡により終身保険の死亡保険金を妻が受け取る場合）があります。また、保険金受取人が2人以上（例えば、父親の死亡により定期保険の死亡保険金を2人の子が受け取る場合）であっても構いません。保険金受取人の指定や変更は、原則として保険契約者の自由です。

●保険事故

保険事故とは、保険金の支払いの条件となる事実です。被保険者が死亡、ケガをしたときや、保険契約が満期になったときなどがこれに当たります。

●保険期間

保険期間とは、保険事故が発生した場合に保険金の支払いが保険者によって保障されている期間のことです。保険期間の途中で解約したり、期間満了時に更新することもあります。

●保険料

保険料とは、保険者の危険負担に対して契約者が支払う金額です。通常、「保険料」とは「営業保険料」を指し、下の図のようになっています。

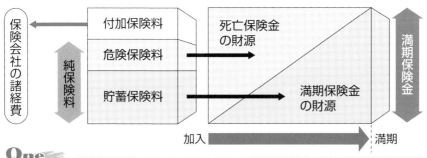

One Point　保険料と保険金額は男女とも3年ぶりにダウン

2022（令和4）年の調査によると、男性の年間払込保険料（平均）は21.5万円、女性は16.6万円といずれも前回（令和元年）の調査からダウン、男性の保険金額（平均）は304万円減の1,562万円でした。

	保険金額	年間保険料
男性	1,562万円	21.5万円
女性	706万円	16.6万円

※令和4年度生活保障に関する調査（生命保険文化センター）

④ 保険料の支払方法のいろいろ

　保険料の支払方法には、さまざまなものがあります。あなたに合ったものは、どれでしょうか。無理なく保険料の支払いができる方法を選んでください。また、保険料の支払いを忘れてしまったときは、どうなるのでしょうか。

保険料の払い込み方法

　保険料の支払いのことを「払い込み」といい、次の方法があります。保険料の割引制度の運用があるものとないものがあるので、注意が必要です。

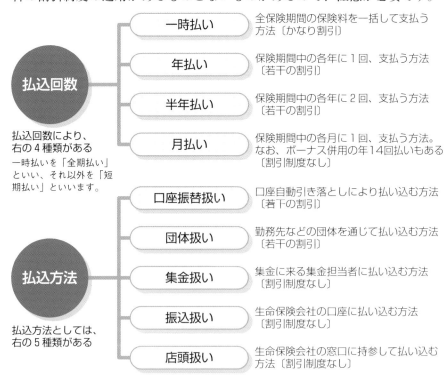

払込回数

払込回数により、右の4種類がある

一時払いを「全期払い」といい、それ以外を「短期払い」といいます。

一時払い	全保険期間の保険料を一括して支払う方法〔かなり割引〕
年払い	保険期間中の各年に1回、支払う方法〔若干の割引〕
半年払い	保険期間中の各年に2回、支払う方法〔若干の割引〕
月払い	保険期間中の各月に1回、支払う方法。なお、ボーナス併用の年14回払いもある〔割引制度なし〕

払込方法

払込方法としては、右の5種類がある

口座振替扱い	口座自動引き落としにより払い込む方法〔若干の割引〕
団体扱い	勤務先などの団体を通じて払い込む方法〔若干の割引〕
集金扱い	集金に来る集金担当者に払い込む方法〔割引制度なし〕
振込扱い	生命保険会社の口座に払い込む方法〔割引制度なし〕
店頭扱い	生命保険会社の窓口に持参して払い込む方法〔割引制度なし〕

　この他にも、契約時（あるいは更新時）にまとまった金額を頭金として一時に払い込み、毎月の負担を軽減する頭金制度や、ボーナス月に払い込む保険料を高額にし、毎月の負担を軽減するボーナス併用払い込みがあります。

保険料の払い込みを忘れたら

　保険料は、払込期月内に払い込まなければなりません。ついウッカリ忘れた場合でも、一定の期間（猶予期間）内に払い込めば問題はありません（P.189参照）。ところが、猶予期間を経過しても保険料を払い込まないときには、その契約の効力は失われます（これを「失効」といいます）。

　しかし、失効後1年から3年など一定期間内であれば、一定の手続きをすることにより復活することができます。失効と復活は、「一定期間（1年から3年など）は保険料の払い込みをお休みすることができる」というもので、とても便利な制度です。

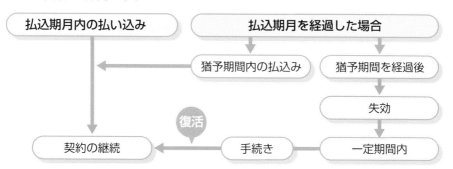

　なお、払込期月とは、契約応当日（保険期間中にある契約日に対応する日のこと）の属する月の初日から末日までのことです。たとえば、4月15日が契約日で月払いの契約であるとすると、5月15日、6月15日などが契約応当日で、暦の5月、6月が払込期月となるため、毎月、月末までに保険料を払い込まなければならないということになります。

One Point

他にもある保険料の割引

①一括払いと前納：月払契約の場合に、数カ月分の保険料をまとめて払い込むのを一括払いといい、年払・半年払契約の場合に数年分の保険料をまとめて払い込むのを前納といいます。どちらも、一定の割引があります。②保険料の高額割引：契約した保険金額が高額となる場合には、保険料が一定額割引となります。

5 自動振替貸付制度とは

　一時的に保険料の払い込みができなくなった場合には、自動振替貸付制度の適用により、保障を継続することができます。

　これは、「保険会社からお金を借りる」ということなので、利用上の注意点について見てみましょう。

自動振替貸付制度とは

　自動振替貸付制度とは、払込猶予期間が経過しても保険料の払い込みがない場合に、保険会社が解約返戻金の範囲内で、自動的に保険料相当額を立て替えるというものです。

　この制度の利用にあたっては、特に次のことに注意してください。

①契約の際に適用を希望しない旨を申し出たときは利用できません
②終身保険、養老保険などの解約返戻金のある保険でなければ利用できません
③未払いとなっている保険料額よりも解約返戻金が多い場合でなければ利用できません
④立て替えられた保険料には、会社所定の利率による利息が1年複利で計算されます

　立て替えられた保険料には、会社所定の利率による利息がつきますので、この制度の利用は短期間ですませるのが賢明です。また、立て替えられた保険料を返済する方法として、全部を一括して返済することも分割して返済することもできます。

　なお、保険料の自動振替貸付が行われても、保険を継続したくないときは、所定の期間内に必要な手続きを行うことにより解約することができます。この場合、解約返戻金から振替貸付金を差し引かれることはありません。

こんなときにはこんな方法を

　保険料の払い込みができなくなる場合にも、いろいろなケースがあります。それぞれのケースにふさわしい方法を活用しましょう。

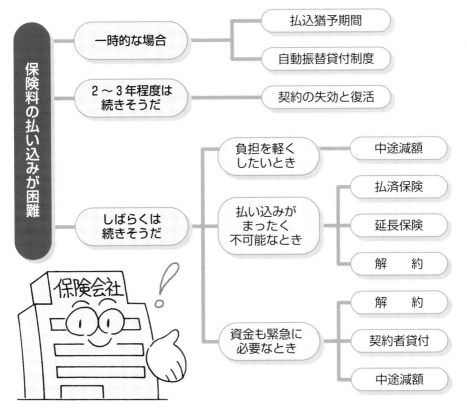

保険料の払い込みが困難

- 一時的な場合
  - 払込猶予期間
  - 自動振替貸付制度
- 2～3年程度は続きそうだ
  - 契約の失効と復活
- しばらくは続きそうだ
  - 負担を軽くしたいとき
    - 中途減額
  - 払い込みがまったく不可能なとき
    - 払済保険
    - 延長保険
    - 解約
  - 資金も緊急に必要なとき
    - 解約
    - 契約者貸付
    - 中途減額

One Point　解約する？ 解約しない？

　払い込みが困難になった場合での解約の考え方の目安を、以下に簡単に記します。
〈払い込み保険料総額より解約返戻金が多い場合〉
　⇒解約する
〈解約返戻金より払い込み保険料総額が多い場合〉
　①多少なりとも保障を残しておきたい場合には⇒払済保険、延長保険、中途減額にする
　②さっぱりしたいなら⇒解約する

6 予定利率の変動と保険料の変化

　生命保険各社は、ときおり予定利率などを変更して保険料を改定します。2016年１月のマイナス金利導入から１年、金融庁は2017年４月に標準利率を引き下げました。これに伴い、生保各社は予定利率を変更、保険料が改定されました。定期保険の保険料は値上がりとなりました。

営業保険料の構成と基礎率

〈生命保険の営業保険料の構成〉

　保険料を決定するには、あらかじめ①予定死亡率、②予定利率、③予定事業費率（これらを「基礎率」といいます）を決めておくことが必要です。純保険料は予定死亡率と予定利率で算定され、付加保険料は予定事業費率により算定されます。予定利率は、保険業法の規定に基づいてその目安となる基準（標準利率という）が設けられています。そこで、この標準利率が変更されると、各保険会社の予定利率も変更されるということになります。

　予定事業費率については、保険金比例（保険金の１％、２％というような決め方）、保険料比例（保険料の１％、２％というような決め方）、定額制（保険金や保険料に関係なく、一定額にする決め方）などの方式があります。

定期保険などの保障性商品のアップ率は小さかった

　生命保険各社は2013年4月、標準利率が同年4月1日から1.0%（改定前は1.5%）に引き下げられたことなどにより、主な保険種類に適用されている予定利率を1.65%から1.15%に引き下げる改定を行いました。次いで2017年4月、標準利率が過去最低の0.25%に引き下げられました。これに伴い、各社でも予定利率を引き下げ、保険料を改定しました。この結果、ほとんどの保険商品について保険料は値上がりとなりましたが、定期保険など保障性の高い商品や保険期間の短い商品ほど保険料のアップ率は小さく、一方、養老保険など貯蓄性の高い商品や保険期間の長い商品ほど保険料のアップ率は大きくなりました。この改定でも、前回の改定と同様に各社で異なるため、同じ種類の契約内容でも、保険料に違いが出ています。

主要保険種類の予定利率

契約日	予定利率
1996/4/2以降	2.9%
1999/4/2以降	2.15%
2001/4/2以降	1.65%
2013/4/2以降	1.15%
2017/4/2以降	0.4〜0.9%

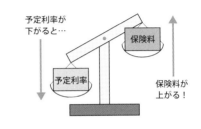

予定利率が下がると…

保険料

予定利率

保険料が上がる！

　この商品は、死亡率の改善傾向を取り込み、広い世代で保険料を引き下げた、としています。

　定期保険では、他の種類よりも今回の改定の影響は少ないようです。

■無解約返戻金型定期保険
80歳満了、全期払、保険金額3,000万円　口座振替月払保険料

契約年齢	男性			女性		
	改定前	改定後	差	改定前	改定後	差
30歳	12,090円	11,160円	92.3%	7,170円	6,540円	91.2%
40歳	19,590円	18,420円	94.0%	10,800円	10,680円	98.9%
50歳	32,610円	30,300円	92.9%	16,620円	16,860円	101.4%

One Point　破たん前の予定利率引き下げ

　保険会社が「契約条件を変更しなければ、保険業を継続するのは困難」だと内閣総理大臣に申し出ることで、予定利率を引き下げることが可能になっています。ただし、引き下げの下限は3%となっており、対象となるのは予定利率が3%を超えている1996年4月1日以前の保険契約などです。

1 死亡保険金だけで、満期保険金はない「掛け捨て型」

定期保険は、いわゆる掛け捨て型で、敬遠されがちなものですが、実際にはどのようなものなのでしょうか。

同じ金額で積立貯金をした場合と、定期保険に入った場合とを比較してみましょう。

定期保険のしくみ

定期保険は、被保険者が保険期間内に死亡した場合にだけ死亡保険金が支払われ、満期時に被保険者が生存していても満期保険金の支払いはない死亡保険の典型的なものです。

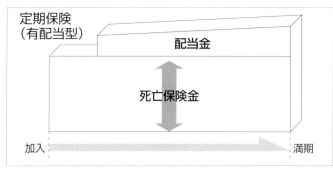

保険期間には、①加入時から5年、10年、15年、20年というように期間を定めているものと、②被保険者が50歳に到達するまで、60歳に到達するまで、70歳に到達するまでというように期間を定めているものとの2種類があります。このように保険期間が限定されていますので、「定期保険」というのです。中には90歳を満期とするものもありますが、現在の平均寿命（男81.05歳、女87.09歳。厚生労働省令和4年「簡易生命表」）を考えると、これは事実上の終身保険ということがいえます。配当がつくタイプ（「有配当」という）と配当がつかないタイプ（「無配当」という）があります。

保険期間中に死亡した場合、実際に受け取る金額は、有配当のものであれば死亡保険金と配当金の合計額となります。満期時に生存していた場合には満期保険金はないため支払われませんが、配当金が支払われることになります。

44

「掛け捨て」は本当に損なのか

　定期保険では、満期時に被保険者が生存していたとしても満期保険金の支払いはありません。このことから、それ以前に支払った保険料は無駄になったと思いこみ、「掛け捨て」という言葉が使われることがあります。

　しかし、これは正しくありません。保険期間中に不慮の事故などで被保険者が死亡した場合には、保険金が指定された保険金受取人に支払われるという保障（サービス）がずっと継続していたからです。

　下の図を見てください。万が一のために、三輪さんは500万円を目標に積立貯金を開始し、斉藤さんは保険金500万円の定期保険に加入しています。

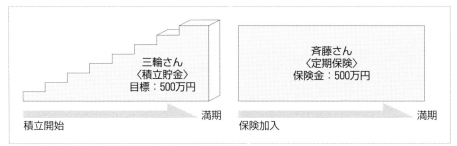

　この場合、三輪さんが満期時に生存していれば500万円を手にすることができますが、斉藤さんが満期時に生存していても手にするものは何もありません。一方、三輪さんが積み立て途中で死亡しても遺族は500万円を手にすることはできませんが、斉藤さんが保険期間中に死亡したときには遺族は必ず500万円を手にすることができます。すなわち、定期保険は「保障」という機能だけを目標にした商品で、保険料は定期保険という「商品」の購入代金なのです。「定期保険は掛け捨てだから損」というのは誤った考えです。

One Point　積立貯金と定期積金

ゆうちょ銀行や銀行の積立型商品には、次のようなものがあります。

	積立貯金（ゆうちょ銀行）	定期積金（銀行）
積立金額	1,000円以上1,000円単位	金額は自由に設定（定額式と目標式）
積立期間	3カ月、6カ月、1年〜5年（年単位）	6カ月〜5年が一般的

※現行の金利水準は、他の商品同様、ミクロの水準です。

② 解約返戻金はあるが、ごくごく低額

定期保険の解約返戻金は、まったくゼロか、あるいはあったとしても極めて低額なものとなっています。

「生命保険を解約すると、解約返戻金が出ると思って請求したのに、たったこれだけ…」とならないようにしましょう。

責任準備金と解約返戻金

●責任準備金とは

ここで、30歳の男子1万人が加入している20年満期の定期保険があるとします。この集団の保険期間である20年間での収入と支出はトータルで相等しくなります（これを「収支相当の原則」といいます）。

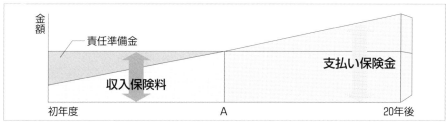

保険期間の前半（Aより左）では、加入者の年齢が比較的若く死亡率が低いため、収入保険料が支払い保険金を上回りますが、後半（Aより右）になると死亡率が増加するため支払い保険金が増加し、収入保険料を上回ってしまいます。この場合にも、保険会社には保険金を支払う責任があります。このために、前半で生じた収支の超過分を蓄えておきます。これを「責任準備金」といいます。

養老保険のように満期保険金があるものについては、収支の超過分のほか、さらに満期保険金の支払いにあてる金額の蓄積も必要で、責任準備金は多額のものとなります。こうして責任準備金は、定期保険、終身保険、養老保険というように貯蓄的要素が高くなるにつれ、大きくなっていきます。

●解約返戻金はないに等しい

　解約返戻金とは、保険契約者が保険契約を保険期間の途中で解約した場合に保険会社から支払われる金額のことです。この額は責任準備金を基礎として計算されます。

　満期保険金がない定期保険の責任準備金は少額であるため、解約返戻金も極めて低額で、払込保険料にさえ満たない額となる場合やまったくゼロの場合さえあります。これは、定期保険に「貯蓄性」はないということを意味しています。

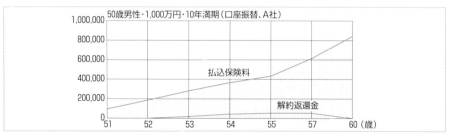

100歳定期保険が続々登場

　定期保険の保険期間は急速に「高齢化」し、100歳とするものも珍しくなくなりました。このような平均寿命を超える年齢を保険期間とする定期保険は、もはや事実上の終身保険といえるでしょう。そこで、保険料払込期間を65歳とし、その後に解約返戻金を受け取ることで、払込保険料に匹敵する解約返戻金を受け取ることが可能なものもあります。

One Point　　定期保険の解約は損！

　定期保険の解約返戻金はないものと思っておきましょう。満期間近、あなたが亡くなっても受取人にはなんらの不安もなく、体調も極めて良好なら、「これなら満期まで大丈夫」と思います。すると、ふと、「どうせ掛け捨てになるんだ、それなら解約して解約返戻金をもらっておこう」とも思うでしょう。そして、解約した数日後、銀行に引き出しに行く途中で事故にあって急死。もちろん、保険金は支払われません。これこそ、保険料の無駄、大損というものです。

③ 小さな負担で大きな安心

定期保険は、終身保険や養老保険と比べ、同額の保障を得るために必要な保険料が最も安くなっています。これは、死亡保障だけを目的としているため、保険料が割安になっているからで、定期保険の最大の特徴となっています。

こんなに違う保険料

村田さん、河本さん、山本さんが加入している生命保険の保険料を比較してみます。3人とも健康な男性、数年前に35歳で加入。村田さんは定期保険（100万円、10年満期）、河本さんは普通終身保険（死亡保険金100万円、終身払込）、山本さんは普通養老保険（満期保険金100万円、10年満期）に加入しています。

	保険金額	保険期間	保険料
定期保険（村田さん）	100万円	10年満期	291円
普通終身保険（河本さん）	100万円	終身払込	1,620円
普通養老保険（山本さん）	100万円	10年満期	8,445円

（A社　無配当、口座月払）

3人の加入年齢は共に35歳。保険金額は同じなのに、保険種類が違うだけでこのように保険料に差が出てしまいます。養老保険の保険料は終身保険の5.2倍、定期保険の29.0倍と、この3種類の中では最も高額となっています。

どうして、このように保険料にははなはだしい差額が出てしまうのでしょうか。

まず、村田さんが加入している定期保険は、保険期間が10年なので、35歳から45歳までが保険期間で、保険料もその期間の分として算定。これに対して河本さんが加入している終身保険では、保険期間は被保険者が死亡するまでの期間。

ところで、保険料の計算では、男子は109歳、女子は113歳で死亡するものと仮定します（生保標準生命表2018）。つまり、終身保険の保険料は、男子

ならば109歳まで、女子ならば113歳までの期間分として算定されるのです。河本さんの場合にも、109歳までの期間分の保険料が計算され、それを終身にわたり払うことになるのです。山本さんが加入している養老保険は、定期保険や終身保険と同様、被保険者が死亡すれば死亡保険金が支払われますが、このほか被保険者が満期時に生存していたときには満期保険金が支払われます。この支払いにあてるための金額が、あらかじめ保険料に含まれているのです。このような理由で３人の保険料が異なってしまったのです。

小さな負担で大きな安心の定期保険

　定期保険の保険料は、終身保険や養老保険と比べて、同額の保障（死亡保険金）を得るためには最も安くてすむものです。いわば、小さな負担で大きな安心を手にすることができる生命保険です。

　定期保険の活用法の基本例として、次の場合があります。

特定の期間については、特に責任が重くなるような場合

食品会社に勤務する吉村佐久夫さんは30歳。こどもは小学校に入ったばかりで、成人して社会人になるまで、親の肩には責任がズッシリです。このように、一定の期間について特に責任が重くなる人に、定期保険は向いています。

手持ちの保障額では不安なので、保障額を増額する場合

岡野さん（男性）は以前、1,000万円の終身保険（60歳払込満了）に30歳で加入。保険料の月額21,010円でも「3,000万円ないと心配だな」と思っています。このようなとき、定期保険を利用すると保険料月額は10,110円となり、毎月の負担が１万円程度軽減され、保障額は2,000万円増額することができます。（Ｂ社）

生保標準生命表

　2018年４月より、生命保険各社が使用する「標準生命表2007」が11年ぶりに改定され、「標準生命表2018」になりました。死亡保険用を見ると、平均寿命は男子78.24歳から80.77歳へ、女子84.94歳から86.56歳へと改善。これにより、生保各社の死亡保険料が引き下げられました。

4 若いときに加入すれば、保険料は安くなる

　定期保険の保険料は、契約年齢が若ければ安くなり、保障される保険期間が短ければ安くなります。

　年功序列の賃金は、年齢とともに増額していきますが、定期保険の保険料も同様です。

契約年齢で、これだけ違う保険料

　定期保険では、保険金額が同様であっても、契約年齢が高くなるにつれて保険料も高額となっていきます。下のグラフは、定期保険の契約年齢に対する月払い保険料を表したものです。

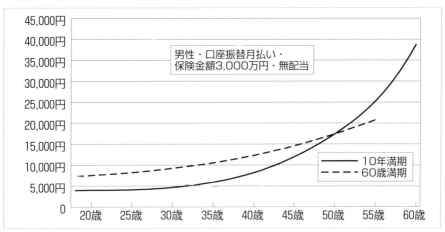

男性・口座振替月払い・
保険金額3,000万円・無配当

10年満期
60歳満期

　このグラフは、契約年齢による定期保険の保険料の変化を、10年満期と60歳満期の2種類について表したものです。どちらの場合でも、契約年齢が上がるにつれて保険料も次第に高額になっています。なお、契約者は毎年一歳ずつ年を重ねますが、契約時に決定した保険料は、保険期間中は同額のままとされます。

　ほとんどの生命保険では、このように契約年齢に応じて保険料が高額にな

るという仕組みになっています。

長い保険期間でも上がる保険料

　定期保険では、保険金額が同じであっても、5年満期、10年満期、15年満期と、保険期間が長くなるにつれ、保険料もしだいに高額になっていきます。

　前ページのグラフで、50歳以前では60歳満期の保険料が10年満期を上回っています。60歳満期の保険期間は、契約年齢から60歳までの期間となりますが、50歳以前では、この期間が10年以上となっているからです。反対に、50歳以降では契約年齢から60歳までの期間が10年以下のため、60歳満期の保険料の方が低額となっているのです。

活用例 3　収入は減少したが、保障額は減らしたくない場合

　㈱A社の中村課長（41歳）は勤続18年、家族は、妻と2人のこども。ある朝、突然、関連会社への出向辞令。賃金は、今までの7割程度。辞令を拒否して退職する道もありますが、どちらの選択にしても、当面、収入は減少します。しかし、収入が減るからといって、中村課長の家族への責任が減るものではありません。

　このように、収入は減少したけれどある程度の保障は確保しておきたい場合に、定期保険は向いています。

活用例 4　若くて収入も少ないが、家族への扶養責任が重い人

　㈱B社の松田和夫さんは23歳。結婚2年目で、家族は専業主婦の玲子さんと1歳になる長女の久美子ちゃん。賃金は月額で約22万円。

　このように、若くて収入も少ないけれど、家族への責任がある人に、定期保険は向いています。

One Point　通信販売の情報源

　営業職員のいない通信販売の情報はどうやって入手したらよいのでしょうか。それには、インターネットの利用が便利です。公益財団法人生命保険文化センターのホームページ（https://www.jili.or.jp/）から各社にアクセスできます。

5 命の値段

定期保険の保険料は、契約時の年齢や保険期間の長さによってそれぞれ異なります。さらに、性別によっても異なるものとなっています。加入者が男性か女性かで、商品（定期保険）の価額（保険料）が違ってくるのです。

こんなに違う、男と女の保険料

2018年4月、死亡率の改善による標準生命表の改定で、定期保険の保険料は値下げとなりました。保険料は各社で異なりますが、下表はその一例です。

定期保険（10年満了／保険金額：2,000万円）

契約年齢	性別	改定前	対男性比	改定後	対男性比	増減率	増減額
30歳	男性	5,400円		4,940円		▲ 8.5%	▲ 460円
	女性	4,600円	85%	4,460円	90%	▲ 3.0%	▲ 140円
40歳	男性	7,980円		7,020円		▲ 12.0%	▲ 960円
	女性	6,140円	77%	5,940円	85%	▲ 3.3%	▲ 200円
50歳	男性	14,560円		11,840円		▲ 18.7%	▲ 2,720円
	女性	9,040円	62%	8,620円	73%	▲ 4.6%	▲ 420円

このように、女性の保険料は男性の保険料に比べてかなり低額に設定されています。もちろん、これは「男の値段」や「女の値段」を決めたものなどではありません。保険料の計算において、男子は109歳、女子は113歳で死亡するものと仮定しているためです。なお、数は少ないのですが、男女の保険料を同額に設定しているものもあります。

女が男になったり、男が女になったりすることはできないのですから、この男女の性別による保険料の違いは、受け入れざるを得ない問題なのです。

109歳　113歳
なるほど…
寿命の違いが
金額の違い！

年齢・性別にかかわらず、一律タイプも

　JA共済や全労済などの共済は、生命保険会社と異なり、それぞれ独自の給付設計となっています。これら共済の特徴の一つに、掛金（共済では保険料のことを「掛金」といいます）が年齢や性別に関わりなく一律とされていることがあげられます（2024年4月1日改正）。

〈全国生協連・「県民共済（都民共済・道民共済・府民共済・全国共済）」の保障内容の一部〉

加入コース		総合保障1型	総合保障2型		総合保障4型	
月々の掛金		1,000円	2,000円		4,000円	
保障期間		18歳～65歳	18歳～60歳	60歳～65歳	18歳～60歳	60歳～65歳
入院（一日当たり）	事故 1日目から184日目まで	2,500円	5,000円	5,000円	10,000円	10,000円
	病気 1日目から124日目まで	2,500円	5,000円	5,000円	10,000円	10,000円
死亡	交通事故	500万円	1,000万円	700万円	2,000万円	1,400万円
	不慮の事故（交通事故を除く）	400万円	800万円	530万円	1,600万円	1,060万円
	病気	200万円	400万円	230万円	800万円	460万円

※契約年齢は満18歳から満59歳まで。保障期間は満18歳から満65歳まで。
※県民共済（都民共済・道民共済・府民共済・全国共済）は、39都道府県で実施されていますが、保障内容には異なる点もあります。上記内容は、代表的なものです。

〈全労済・「こくみん共済」の保障内容の一部〉※表は、初めて加入する人についてのもの。

タイプ	月掛金	新規加入年齢	死亡したとき		
			交通事故	不慮の事故（交通事故以外）	病気等
総合保障	1,800円（2口）	18～64歳	1,200万円	800万円	400万円
こども保障	1,200円	0～17歳	200万円	200万円	100万円

　これらの共済では、保障額が概ね生命保険各社よりも低額となっています。そこで、独身者やOLなどのように、一般に5,000万円や7,000万円などの高額保障が必要でない人に向いているといえます。

One Point　「標準生命表2018」に基づいた保険料率改定

　2018年4月、生命保険各社では、「標準生命表2018」に基づいて保険料の改定を行いました。

　これにより、定期保険など死亡保障分野では保険料が引き下げられたものの、医療保障分野などでは反対に保険料が引き上げられました。

6　定期保険の自動更新に要注意

　自動車の運転免許は、3年または5年に1回の更新があります。定期保険にも、保険期間満了の際に自動更新という制度が設けられています。
　定期保険の自動更新にあたって、注意すべきポイントはどこなのでしょうか。

定期保険の自動更新とは

　上の図は、10年満期の定期保険の自動更新を示したものです。10年満期ですから、10年の期間満了時に保険契約は終了します。ところが、多くの定期保険の約款は、「保険期間満了の日の2週間前までに申し出のない限り、被保険者の健康状態にかかわらず自動的に更新される」としています。

　つまり、被保険者が「更新はしません」と意思表示をしない限り、自動的に同一内容の満期10年の定期保険を継続することになるのです。これを自動更新といいます。自動更新は限りなく行われるのではなく、保険期間を通算して30年まで、あるいは更新時の年齢が80歳までなどの制限が設けられています。

　また、自動更新の際には、告知書の提出や医師による診査が省略されるのが普通です。

更新するごとに保険料は高くなる

更新後の保険料は、更新時の年齢によるものとされるため、保障額（保険金額）に変更はありませんが、更新のたびに保険料が上昇します。

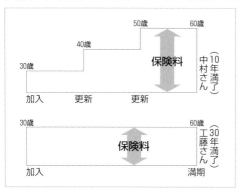

定期保険（保険金額：3,000万円）

	10年満了	30年満了
加入（30歳）	5,970円	
更新（40歳）	9,750円	10,650円
更新（50歳）	19,200円	
平均	11,640円	

※口座振替・月額、A社。上表中の保険料は契約年齢時（30歳）の保険料率で仮に計算。実際には、更新時に適用されている保険料率で算定するので、通常、契約時の保険料率とは異なる。

中村さんと工藤さんは同期入社で、今年30歳。中村さんは、保険料が安い10年の定期保険へ加入し満期のつど更新を、工藤さんは当初から30年の定期保険への加入を検討しています。

上の表は、保険金を3,000万円（無配当）とした場合に、今後中村さんと工藤さんが支払うことになる保険料を比較したものです。

49歳までは保険期間を30年とした工藤さんのほうが高いのですが、50歳以後立場が入れ替わって、工藤さんのほうが安くなります。60歳までの期間を総計すると、30年間の支払保険料総額では約35万円工藤さんのほうが安いのです。

自動更新をすると、年齢の上昇につれて保険料も増額するということを、決して忘れないでください。

One Point　特約にも注意!!

保険会社には、「今月から保険料が急に高くなったのだけど」との契約者からの苦情、問い合わせが寄せられます。これらのほとんどは定期付終身保険の定期特約の更新時期の到来によるものです。自動更新は、定期保険だけにあるのではなく、定期付終身保険や定期付養老保険の定期保険特約などの特約も対象となります。現在、あなたの加入している生命保険あるいはこれから加入しようと考えている生命保険に、どんな特約がついているのか覚えていますか？　もう一度確かめてみましょう。

7 遞減定期保険

遞減定期保険とは、保険料は一定額で保険金がしだいに減額していくものです。主に中高年層をターゲットとして、各社から販売されているものです。いろいろな種類がありますが、その中の代表的な2つのタイプの特徴をとらえておきましょう。

遞減定期保険のしくみ

●一気に減額タイプ

一つの保険期間内で、毎年、保険金を最高額（契約当初の額）から最低額（最高額の20%としているものが多い）まで、一気に減額してしまうタイプです。そこで、短期の保険期間であれば毎年の減額は急激となり、長期のものであれば、毎年の減額はなだらかなものとなります。また、契約後、一定期間（2年ないし3年）経過後は、終身保険などへの変更が可能なものもあります。

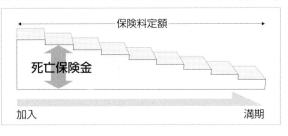

●だんだん減額タイプ

一つの保険期間（10年としているものが多い）での保険金の減額を、最高額の約6割程度までとし、自動更新を繰り返し、保障額をだんだんと最低額まで落すタイプです。なお、自動更新では、遞減定期保険への更新のほか、普通の定期保険などへの変更が可能なものもあります。

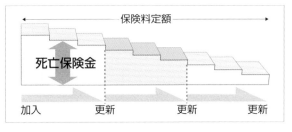

保険料の安さが魅力的

　逓減定期保険では、保障額は逓減しますが保険料は一定です。そして、普通の定期保険（平準定期保険ということもあります）と比べて、保険料が低額になっているのが大きな特徴です。

（保険期間20年）

契約時の年齢	平準定期保険(a)	逓減定期保険(b)	比率(b/a)
35歳	6,510円	3,180円	49%
40歳	9,000円	4,170円	46%

※B社　例　保険金3,000万円（逓減定期保険は契約時額）・男性・口座振替月額
※平準定期保険は無解約返戻金型、非喫煙者割引特則付加の保険料率。
※逓減定期保険は非喫煙者優良体保険料率。

　高額な保障額が、どうしても必要な時期もあれば、それほどでなくともよい時期もあります。逓減定期保険とは、ライフサイクルの変化に応じて、合理的な保障を追求したものです。活用例としては、次のようなものが考えられます。

活用例 5　もう少しで独立し、社会人になるお子さんを抱える中高年の人

　北海道の㈱C社に勤務する桜井さんは45歳。今年、長男の真一君が東京の私立大学に入学。お父さんとしては合格はウレシイけれど、入学金や学費、生活費などを考えると、「お金」のほうはチョット大変。でも数年たてば、真一君も独立するので、保障額は少なくても構いません。こういう人に逓減定期保険は向いています。

One Point　契約当初は逓減しないタイプもある

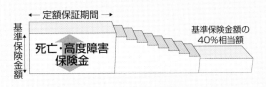

　逓減が始まるまでの一定期間（5年または10年）は保険金額が変わらず、以降の保険年度から逓減するタイプもあります。

8 逓増定期保険
ていぞう

　逓増定期保険は、保険料を一定額とし、保険金をしだいに増額するものです。この保険は、個人が活用するよりも、企業向けや経営者向けとして活用されることのほうが多いようです。逓増定期保険のあるなしを見てみましょう。

逓増定期保険のしくみ

保険料定額

死亡保険金

加入　　　　　　　　　　　　満期

　左の図は、逓増定期保険のしくみを表したものです。逓減定期保険とは正反対で、契約締結時の保障額が、毎年一定の割合で逓増していきます。

　逓増定期保険は、逓減定期保険とは異なり、20年、30年、40年というようにかなり長い保険期間となっています。保障額の増加割合は、ほとんどが契約当初の保障額の5倍以内とされています。また、保険料は、逓減定期保険と同様、保険期間を通じて定額です。

個人には割高感、企業にはメリット

　逓増定期保険は、遺族の生活資金や相続税資金、ある程度の物価上昇ならば対応できるものです。しかし、同額の定期保険と比べ保険料がかなり割高なため、個人活用が難しいともいえます。

　逓増定期保険は、保険期間を95歳などと長期間に設定されていることなどから、一般の定期保険に比べ解約返戻金が高額となっています。このため税法上の取扱いも考慮し、企業が役員退職金等の準備に利用する場合が多いようです。

　下の商品例は無配当タイプで、保険期間当初の死亡保険金は定額、その後逓増するものです。また、契約日から3年間または5年間は解約返戻金が低く設定されています。

逓増定期保険の契約例

●基本保険金額………1億円
●逓増率変更年度……第10保険年度
●経理処理…………1/2損金タイプ
【契約形態】契約者／法人　被保険者／役員　受取人／法人

（保険料例）

○年払・口座振替扱
○契約50歳　払込・保険期間満了72歳

【男性の合計保険料】
7,802,600円
（高額割引制度による割引額：835,000円）

【女性の合計保険料】
4,493,500円
（高額割引制度による割引額：547,300円）

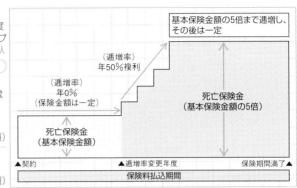

基本保険金額の5倍まで逓増し、その後は一定

（逓増率）
年50%複利

（逓増率）
年0%
（保険金額は一定）

死亡保険金
（基本保険金額の5倍）

死亡保険金
（基本保険金額）

▲契約　　　　　▲逓増率変更年度　　　　保険期間満了

保険料払込期間

現在の収入も多く、責任がしだいに肩にのしかかってくる人

　35歳のスナック経営者の清水さんは月収120万円。今年、長女の恵子さんは私立中学に入学。これからの10数年間は、毎年毎年、肩の荷が重くなります。現在、経営は順調だけど、将来のために備えたい。一方、かわいい娘のためにも万全の策をとっておきたい。
　このように、現在の保険料に割高感はないけれど、できるだけ合理的に保障額を増やしていきたい人には向いています。

One Point　　逓増定期保険の行方は？

　「一定の基準を満たした逓増定期保険の保険料は、全額損金算入することを認める」という国税庁の通達により、企業は積極的にこの保険を利用してきました。
　しかし、2007年3月に国税庁は通達の見直しを表明。これにより、生命保険各社では逓増定期保険の販売休止が続出。1年後の2008年2月には、損金算入を制限する新たな通達が制定されました。その後も、契約名義を法人から個人へ変更、経営者の死亡などに備える節税プランが各社から販売されるなどしました。これに対し、国税庁も通達を改正するというイタチごっこが続いています。

9 全労済の「こくみん共済」

全労済（全国労働者共済生活協同組合連合会）の「こくみん共済」は、533万件の契約件数がある、文字通り国民的な個人向け定期保険です。

保障ニーズの多様化に対応するため、「こくみん共済」では数年に一度、大幅な改定が行われています。

「こくみん共済」のしくみ

全労済の「こくみん共済」は1年ごとの更新で、最高85歳まで加入することができます。また、毎年の決算で剰余が出れば、割戻し金が受け取れます。

「こくみん共済」の保障内容（一部）

保障タイプ		総合（2口）	医　療	こ ど も
月掛金額		1,800円	2,300円	1,200円
新規加入年齢		18〜59歳	18〜59歳	0〜17歳
死亡共済金	交通事故	1,200万円	50万円	300万円※4
	不慮の事故（交通事故以外）	800万円		
	病気等	400万円		100万円
介護・重度障害支援共済金 *1		400万円	──	──
入院共済金（日額） *2	交通事故	5,000円	10,000円	10,000円
	不慮の事故（交通事故以外）	3,000円		
	病気等	2,000円		
通院共済金（日額） *3	交通事故	1,000円	2,000円	2,000円
	不慮の事故（交通事故以外）	──		

＊1　発効日以後の疾病または疾病を原因として重度障害になったときに所定の介護状態で、かつ6カ月以上その状態が続いたとき。

＊2　入院の場合は、5日以上の入院のときに1日目から最高180日分。「医療タイプ」では日帰り入院から対象となり、1日目から最高180日分。

＊3　1日目から最高90日分、事故の日を含め180日以内の通院が対象。「キッズタイプ」の不慮の事故の場合も同じ。「医療タイプ」の不慮の事故の場合は14日以上の通院で1日目から最高90日分、事故の日を含め180日以内の通院が対象。

＊4　扶養者である契約者の死亡が対象。

医療補償のさらなる充実

　2019年8月、こくみん共済では、28タイプあったラインアップを12タイプに整理しました。その概要は、次のようなものです。

医療保障の改善	・病気入院は、全タイプが日帰り入院から保障。 ・入院日額10,000円や先進医療最高1,000万円を実現 　　　　　　　　　　　　　（医療保障タイプ（2口）の場合）
子育て世帯を応援	新しい「こども保障タイプ」が登場。育児の悩みから進路相談まで、幅広くサポートする「こども相談室」が無料
長寿・高齢社会の ニーズへの対応	契約者の範囲を拡大。新規加入年齢の引き上げや、健康に不安がある人向けのタイプを新設
各タイプにセット できる個人賠償保障	月々掛金200円プラスで、最高1億円の損害賠償を保障

活用例 7　**新たに就職し、生命保険にでも入ってみようかな、と何となく考えている人**

　就職したばかりの若い頃は、通常は高額な死亡保障は不要。だからといって、まったく保障がいらないということでもありません。このような方には、リーズナブルな「こくみん共済」がお手頃です。

 病気入院共済金の支払い要件の緩和

　これまでは、1回の入院日数の限度まで共済金が支払われた後、退院日から180日以内に同一の原因による入院を繰り返した場合、共済金が支払われませんでした。

　けれども今後は、同一の原因による入院であっても、共済金が支払われた最後の入院の退院日の翌日から180日経過後に開始した入院については、新たな入院として支払いの対象となります。

10 健康体割引

最近目にする機会が多くなったものに、健康体割引があります。これは、タバコを吸わない人や一定の健康状態にある人の保険料を割り引くものですが、この多くは定期保険となっています。健康体割引のしくみを見てみましょう。

健康体割引のしくみ

健康体割引とは、健康状態などが保険会社で定めた一定の基準を満たした場合に、保険料を割り引くものです。この基準は、保険会社でさまざまです。

「健康体」の条件
・過去2年以内など、保険会社の定める期間内にタバコを吸っていないこと（自己申告とダ液によるニコチン含有量テストなど） ・血圧、BMI（ボディ・マス・インデックス）の値、尿検査の結果が保険会社所定の範囲内であること。BMIとは、身長と体重のバランスを判断する指標のひとつ。BMI＝体重（キログラム）÷身長（メートル）^{2} ・保険会社の定める通常の契約引受基準において、健康状態および身体状態が良好であること

当初、割引基準となる健康状態は喫煙の有無のみで判断していましたが、いまでは血圧や体格、尿酸値の値まで加えるようになってきました。なお、この基準に該当しないと健康体割引は適用されませんが、その人が健康体でないということではありません。

同じ保障額で保険料の差がでる（例）

契約の申込み

血圧・体格・尿検査等の基準を満たす

　いいえ　　　　　　　　　　　　はい

健康体割引　　　　　　過去1年間まったく喫煙していない
適用なし
　　　　　　　いいえ　健康体割引　はい
　　　　　　　　　　　適用
　　　　　　　喫煙者（健康体）　　非喫煙者（健康体）

健康体割引を　　　　喫煙者　　　　　　非喫煙者
適用しない　　　　健康体保険料率　　健康体保険料率
保険料率

　　　　　　　タバコを吸う人でも　タバコを吸わない人は
　　　　　　　　割り引き！　　　　さらに割り引き！

健康体はオトク

健康体割引が適用されると、保険料はどのくらい安くなるのでしょうか。

平準定期保険
保険期間・保険料払込期間20年

年齢	男性	女性
31歳	12,250円	9,100円
32歳	12,950円	9,550円
33歳	13,700円	9,950円
34歳	14,600円	10,450円
35歳	15,550円	10,950円
36歳	16,500円	11,350円
37歳	17,550円	11,850円
38歳	18,650円	12,300円
39歳	19,900円	12,850円
40歳	21,200円	13,400円
41歳	22,650円	13,900円
42歳	24,150円	14,550円
43歳	25,800円	15,250円
44歳	27,650円	15,950円
45歳	29,600円	16,750円
46歳	31,800円	17,650円
47歳	34,250円	18,600円
48歳	37,050円	19,750円
49歳	40,200円	20,950円
50歳	43,600円	22,300円

平準定期保険（喫煙リスク区分型）
保険期間・保険料払込期間20年　（非喫煙者保険料率）

年齢	男性	女性
31歳	10,150円	8,550円
32歳	10,700円	8,850円
33歳	11,250円	9,250円
34歳	11,900円	9,650円
35歳	12,600円	10,100円
36歳	13,350円	10,500円
37歳	14,100円	10,900円
38歳	15,000円	11,300円
39歳	15,950円	11,750円
40歳	16,950円	12,250円
41歳	18,200円	12,750円
42歳	19,450円	13,350円
43歳	20,850円	13,950円
44歳	22,450円	14,650円
45歳	24,200円	15,450円
46歳	26,100円	16,200円
47歳	28,250円	17,150円
48歳	30,800円	18,250円
49歳	33,600円	19,350円
50歳	36,750円	20,700円

　この商品では、いままでの健康状態と1年以内の喫煙状況等が一定の基準に適している場合、割引対象となります。健康状態に関する基準とは、①血圧値が一定範囲内であること、②ボディ・マス・インデックス（BMI）の値（実測値）が一定範囲内であること（BMI＝体重(kg)÷{身長(m)}^{2}で求められる）、③尿検査の結果が一定の基準を満たしていることなどです。

　男性の保険料を見ると、非喫煙者の保険料は通常保険料の80〜84％程度となっています。保険料のために健康である必要はありませんが、健康であれば保険料にもご利益があるということです。

One Point　契約後に喫煙すると

　非喫煙者が、健康体割引の適用された保険契約を締結した後に喫煙したらどうなるのでしょうか。この場合、保険会社への報告は必要ありませんし、保険料も値上がりすることはありません。しかし、あまり好ましいこととはいえないでしょう。

1 生涯にわたる死亡保障がある

終身保険も定期保険と同様の死亡保険です。しかし、保険期間を終身としているために、遺族保障に優れた機能を備えているのが終身保険だといえます。

終身保険は定期保険とは異なり、掛け捨てにならないタイプです。

生涯にわたる死亡保障がある

どんなに長生きな人にも、いずれは死がおとずれます。そのときを避けることはできません。このときを、終身保険では保険期間の終了と定めています。終身保険では、加入してから後の期間はすべて保険期間になります。つまり、いったん終身保険の被保険者となれば、その人がいつ死亡しようとも、それはすべて保険期間中の死亡です。そこで、死亡保険金が支払われることとなります。これが、生涯にわたる死亡保障があるということです。

このように、終身保険は定期保険のようないわゆる掛け捨て型とは異なり、必ず保障が行われるもので、遺族保障に優れた機能を備えている保険といえるのです。

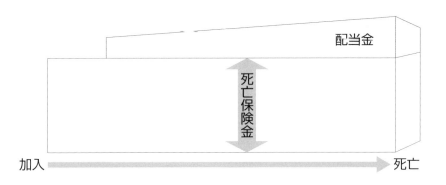

配当金

死亡保険金

加入 ➡ 死亡

〈終身保険のポイント〉

項　目	内　容
保険期間	加入から死亡するまでの期間
保険料	定期保険よりも高額
配　当	定期保険よりも高額
満期保険金	ない
解約返戻金	定期保険よりも高額

〈終身保険の種類〉

終身保険の
しくみによる
分類

- 普通終身保険 … 前ページのタイプ
- 定期付終身保険 … 終身保険に定期保険を上乗せしたタイプ
- 連生終身保険 … 2人で1つの終身保険に入るタイプ

保険料の
払込期間に
よる分類

- 終身払込終身保険 … 保険料の払い込みを終身とするタイプ
- 有期払込終身保険 … 保険料の払い込みを一定期間で終えるタイプ
- 一時払込終身保険 … 保険料を加入時に一括して払い込むタイプ

One Point　　**終身保険には、自動更新がない**

　自動更新について、定期保険と比べてみましょう。

定期保険⇒満期になると、自動更新で保険料がアップします。

終身保険⇒生涯が保険期間なので、自動更新の制度はなく、保険料額に変更はありません。

② 満期保険金はないが、解約返戻金がある

　終身保険を解約すると解約返戻金が支払われますが、その金額は一体どのくらいなのでしょうか。
　定期保険では期待のできない解約返戻金ですが、終身保険ではそれなりの金額となります。

解約返戻金は、それなりの額

　竹内さんは昨年７月に㈱Ｃ社を60歳で定年退職。２人のこどもはすでに独立。奥さんにも数年前に先立たれ、今では気ままな１人暮らし。竹内さんは30歳のときに、グループ企業のＤ生命保険会社の田村さんの勧めで普通終身保険に加入しています。

　今、収入は老齢厚生年金（部分年金）だけ。現役時代とはかなり違います。「もう１人だし、生命保険はいらないだろう」とも思っています。そこで、退職金で購入したパソコンで、解約返戻金の金額を計算してみました。

竹内さん（男性）の契約内容
35歳で契約、65歳払込満了、終身保険金1,000万円、月払保険料21,730円（口座振替）

経過年数	1 年	5 年	10年	20年	30年	31年	40年	50年
年齢	36歳	40歳	45歳	55歳	65歳	66歳	75歳	85歳
支払保険料累計（円）	260,760	1,303,800	2,607,600	5,215,200	7,822,800	7,822,800	7,822,800	7,822,800
解約返戻金（円）	73,000	995,000	2,220,000	4,758,000	7,701,000	7,786,000	8,516,000	9,203,000
返戻率	約27.9%	約76.3%	約85.1%	約91.2%	約98.4%	約99.5%	約108.8%	約117.6%

生命保険の保険料は預貯金のようにそのまま積み立てられるのではなく、その一部は毎年の死亡保険金などの支払いや、保険会社の運営に充てられます。そこで、解約返戻金の額は払込保険料合計額よりも少ない金額となり、特に契約後経過年数が短い場合には、まったくないかあってもごく少額となります。

竹内さんの場合、払込期間中の解約では、解約返戻金が払込保険料を下回り、払込満了後に払込保険料の合計額を上回ります。

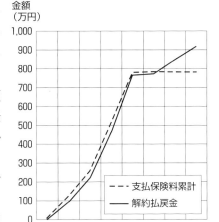

金額
（万円）

- - - - 支払保険料累計
──── 解約払戻金

36歳 40歳 45歳 55歳 65歳 66歳 75歳 85歳
年齢

終身保険は、保障プラス貯蓄性

解約返戻金が大きいということは、イザというときの資金になります。つまり貯蓄性があるということで、活用法としては次のようなものがあります。

活用例1　**保障が第一。でも、老後の資金の足しにもしたいと思う人**

数年前に離婚した金子良江さん（42歳）。今では、名古屋で従業員10数名のレストランを経営。家族は、昨年短大を卒業し、レストランのPRを担当している恵子さん、経済学部2年生の仁美さん、高校1年生の義雄君の3人です。まだもう少し心配が続きそうです。そろそろ、「老後」の2文字も気になりはじめています。

このように、終身保険は、保障を優先に老後の足しにも少し、と考えている人に向いています。

老後……

レストラン

One Point　解約返戻金は契約時に確定

解約返戻金の額は契約時に確定し、約款の最後に金額例表が提示されています。また、解約返戻金は大切なものなので、普通は、「経過年数〇年のときは、解約返戻金の額××円」というようにわかりやすく（図や表を使っているものもあります）「契約のしおり」などにも記載されています。

3 保険料のいろいろ

　2017年4月、標準利率が史上最低水準に引き下げられました。これに伴う保険料改定の影響は、定期保険より終身保険などで顕著でした。おおむね値上がりとなりましたが、その幅や保険料額は、生命保険各社で異なります。代表的なものについて見てみましょう。

改定前後の保険料を比べると

　解約返戻金の計算をしてからというもの、竹内さんはパソコンに夢中。秋葉原のパソコンショップやソフト店をブラブラするのが、最近の楽しみです。ところで、保険の解約は目下検討中。なかなか、決断ができないようです。「まあ、時間もあることだし、ここはひとつ生命保険を極めてみよう」と、生命保険の勉強をはじめました。悪戦苦闘の末、竹内さんのパソコンディスプレイには、改定前後の終身保険の保険料額の表があらわれました。

保険の種類	保険会社	加入年齢	保険期間	保険金額		改定前	改定後	増減率
終身保険	A社	35歳	65歳払込満了	1,000万円	男性	25,460円	27,200円	6.8%
					女性	23,780円	25,750円	8.3%
	B社	40歳	60歳払込満了	300万円	男性	11,178円	13,653円	22.1%
					女性	10,491円	13,350円	27.3%
	C社	60歳	70歳払込満了	100万円	男性	7,950円	9,034円	13.6%
					女性	7,305円	8,648円	18.4%

＊男性・口座振替・月払

　2017年の改定では終身保険の保険料は値上げされ、2018年改定ではほぼ前年並みとなりましたが、各社でしくみが異なるため、その幅もさまざまとなっています。

68

●**保険料で選ぶタイプ（保険料建て）**

　保険金で選ぶのではなく、保険料で選ぶタイプの終身保険もあります。ここでは、中高年を対象としたものを見てみましょう。

　この商品は、満56歳から満80歳の人を対象とし、解約返戻金を低く設定することで、保険料を低廉にしています。

保険料 払込期間	保険料	契約年齢	性別	改定後保険料	改定前保険料	増減率
100歳まで	4,000円	60歳	男性	92万9,400円	99万5,600円	▲6.6%
			女性	118万4,400円	129万7,400円	▲8.7%
		70歳	男性	60万6,200円	63万4,200円	▲4.4%
			女性	79万400円	84万600円	▲6.0%
		80歳	男性	36万6,000円	37万6,800円	▲2.9%
			女性	47万2,800円	49万800円	▲3.7%

●**生命保険料の対GDP割合と人口１人あたり生命保険料**

国名	生命保険料の対GDP割合と 2000年〜2017年の増減幅				人口１人あたり生命保険料と 2000年〜2017年の増減幅（ドル）			
	2000年	2010年	2017年	増減幅	2000年	2010年	2017年	増減幅
日本	8.70%	8.00%	6.26%	▲2.44%	3,165	3,473	2,411	▲754.0
米国	4.48%	3.50%	2.82%	▲1.66%	1,611	1,632	1,674	63.0
英国	12.71%	9.50%	7.22%	▲5.49%	3,029	3,436	2,873	▲156.0
フランス	6.59%	7.40%	5.77%	▲0.82%	1,437	2,938	2,222	785.0
ドイツ	3.00%	2.00%	2.63%	▲0.37%	683	1,402	1,169	486.0
イタリア	3.41%	5.80%	6.20%	2.79%	638	1,979	1,977	1339.0
中国	1.12%	2.50%	2.65%	1.53%	10	106	226	216.5
韓国	9.89%	7.00%	6.56%	▲3.33%	936	1,454	1,999	1063.0
インド	1.77%	4.40%	2.76%	0.99%	8	56	56	48.0

（資料：スイス再保険会社2018年No.3）

 予定利率のいろいろ

　2017年の改定で標準利率は0.25％になりましたが、生命保険各社で実際に用いる予定利率は、各社ごとに、また保険種類ごとに異なります。代表的な商品（５年ごと利差配当タイプ）についての予定利率でも、各社で異なっています。

4 5年ごと利差配当保険

生命保険は、従来、有配当保険と無配当保険でした。ところが、両者の中間といえる準有配当保険（5年ごと利差配当保険）が登場、これが現在の主流タイプとなっています。3つのタイプについて、それぞれの特徴を比べてみましょう。

配当は保険料の精算

有配当保険では、通常であれば剰余金が発生するように保険料を設定し、後に剰余金を保険料の精算として配当を支払います。しかし厳しい経済環境で各社の資産運用も苦しく、この数年、配当ゼロの商品も珍しくありません。

定期付終身保険（25倍型）の場合
◇契約年齢30歳・60歳払込満了・年払・男性・10年更新型・平準払込方式
◇死亡保険金：保険料払込中5,000万円・保険料払込満了後200万円

契約年度（経過年数）	年払保険料	継続中の契約の配当金
平成10年度（2年）	194,566円	5,920円
9年度（3年）	194,566円	14,660円
8年度（4年）	194,566円	14,080円
7年度（5年）	196,714円	40,110円
6年度（6年）	196,714円	48,790円
5年度（7年）	190,874円	38,070円

養老保険の場合
◇契約年齢30歳・保険期間30年・年払・男性
◇保険金100万円

契約年度（経過年数）	年払保険料	継続中の契約の配当金
平成7年度（5年）	23,946円	0円
2年度（10年）	19,578円	0円
昭和60年度（15年）	19,980円	0円
55年度（20年）	22,900円	0円
50年度（25年）	25,400円	0円
45年度（30年）	26,100円	―

一方、無配当保険では配当がない分、保険料は有配当保険より割安です。

		有配当保険	準有配当保険	無配当保険
配当	利差配当	毎年配当	5年ごと配当	無配当
	予定利率	2.75%	2.90%	3.10%
	死差配当	毎年配当	無配当	無配当
	予定死亡率	標準死亡率	低い	低い
	費差配当	毎年配当	無配当	無配当
	予定事業費率	高い	低い	低い
	保険料	高い	中	低

準有配当（5年ごと利差配当保険）

準有配当保険は、予定利率のみに基づき配当が行われ、他の2利源（予定死亡率、予定事業費率）は無配当を前提とした低めの水準のため、有配当保険に比べて保険料は格安です。「将来の配当より現在の保険料の安さ」の選択肢として、無配当保険の他に考えられます。

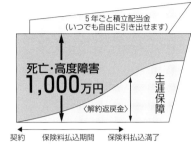

右の表は無配当の例ですが、最近では無配当商品が数多く販売されるようになりました。

契約年齢	男性	女性	契約年齢	男性	女性
20歳	20,490円	19,820円	40歳	41,420円	40,080円
25歳	23,450円	22,720円	45歳	55,310円	53,520円
30歳	27,440円	26,580円	50歳	82,780円	80,170円
35歳	33,030円	31,990円			

60歳払込満了・保険金額1,000万円・口座振替月払（※既存契約）

活用例 2　安い保険料で終身保障が最高。配当はいらない、と思う人

シンプル・イズ・ベスト

大阪の中堅出版社に勤務の中田さん。32歳の若さで月刊誌の編集長。小学校3年の英夫君と2人家族です。生活信条は、シンプル・イズ・ベスト。合理的な生活ということです。最近、息子さんのために保険加入を考えていますが、「安い保険料で、必ず保険金が支払われれば、それが最高」と思うようになってきました。

将来の保障がない配当など期待せず、安い保険料で終身保障を望む、このような人向きのものといえます。

One Point　保険料は各社いろいろ

かつては、終身保険（男性40歳・60歳払済・口座振替月払）などと条件設定すれば、どの保険会社でも保険料は同じでした。しかし、1999年の改定で各社間の保険料に差がつき、その後の改定でさらに選択の幅が広がったように思えます。

5 保険料払込期間で違う保険料

　終身保険には、保険料払込期間の違いによって、一時払込終身保険、有期払込終身保険、終身払込終身保険の３種類があります。この３つの保険料の額を比べてみましょう。

　保険料払込方法により、保険料額も案外違うものなのです。

払込期間ごとに違う保険料

　おや、竹内さんは、今日は部屋の中には見当たりません。同じマンションに住む３人でご歓談です。３人とも、いい心持ち。

　「ところで、中谷さん。終身保険の保険料払込期間が違うと、保険料…」。竹内さんです。とうとう、生命保険が肴になってしまいました。話の内容を整理すると、次のようになります。

●保険料払込期間の相違による保険料の違いは大きい

　有期払込終身保険は、満了を60歳や65歳とするものが多く、終身払込終身保険はあまり利用されていません。また、一時払終身保険は、将来の保険料を一度に払い込むため月払いより割安ですが、加入時の払込額がかなり高額になります。利回りの低下等により一時払い終身を販売休止とした会社も多く、ここでは前回の改定を参考に見てみましょう。

	被保険者年齢	保険金額	改定前	改定後	増減率
男性	50歳	1,000万円	7,337,200円	8,169,200円	+11.3%
	60歳		8,035,900円	8,688,000円	+8.1%
女性	50歳		6,879,600円	7,823,000円	+13.7%
	60歳		7,568,900円	8,345,700円	+10.3%

B社・準有配当

●年齢が同じならば、払込期間の長いほうが、毎月の負担は軽い

定期保険では保険期間が長くなるにつれて毎月の保険料負担が増えていきますが、終身保険の場合には払込期間が長くなるにつれて毎月の保険料負担は軽くなっていきます。

保険料払込期間終身

被保険者年齢	男性		女性	
	改定前	改定後	改定前	改定後
20歳	5,475円	6,310円	4,710円	5,520円
30歳	6,935円	7,810円	5,870円	6,730円
40歳	9,170円	10,070円	7,555円	8,455円
50歳	12,715円	13,625円	10,120円	11,050円
60歳	18,765円	19,660円	14,335円	15,285円
70歳	30,500円	31,340円	22,370円	23,305円

C社・保険金額500万円・口座振替・月払

保険料払込満了年齢と契約年齢

有期払込終身保険では、保険料の払込期間を定めなければなりません。この保険料の払込期間は年齢によって定められる場合が多いのですが、その際、右の表のように契約年齢の区分により決められるものが多いようです。

保険料払込満了年齢	契約年齢
50歳払込満了	15歳〜45歳
55歳払込満了	15歳〜50歳
60歳払込満了	20歳〜55歳
65歳払込満了	25歳〜60歳
70歳払込満了	30歳〜65歳
75歳払込満了	35歳〜70歳

活用例 3　チョット無理して一時払込保険料を払おう、と思っている人

無理は絶対ダメ。特に、お金の無理と恋の無理は、ロクなことになりません。こういう人には、一時払込終身保険は向いていません。

One Point　毎月の支払い方法もいろいろ

毎月の保険料の支払い方法には、①ボーナス月を高額とし、それ以外の月の負担を軽くするボーナス併用払い、②数年ごとに段階的に保険料を引き上げていく方法、③一定額を頭金として支払い残額を毎月支払う方法など、いろいろな方法が行われています。

⑥ 老後資金の準備

　60歳くらいになると、死亡保障から老後保障へニーズが変わることが多いものです。終身保険の解約返戻金は、定期保険と比べるとかなり高額になります。このお金を活用することにより、いろいろな老後の資金プランを設計することができます。

生涯保障ということは

　有期払込終身保険では、保険料の払い込みは60歳とか65歳のように定められたときまでに終了することとなっていますが、生涯保障ですので死亡保障はその後もずっと続きます。

終身保険は生涯保障	
保険料の払い込み	保険料の払込満了後の死亡にも、保障がある

△　　　　　　　　　　　　　　　△　　　　　　　　▲
加入　　　　　　　　　　　　　　60歳　　　　　　死亡
　　　　　　　　　　　　保険料払込期間の満了

　上の図では60歳で保険料の払い込みは終了しますが、その後も死亡保障は続くので、▲印の時点で死亡した場合にも、死亡保険金は支払われます。そのときに、受取人の息子さんが、「そうか、オヤジは5,000万円も保険に入っていたのか。オレは、もう働いているんだから……。生きているときに、好きなように使っていればよかったのに」と思うことだってあるのです。

　このように、死亡保障のニーズが「絶対必要！」から「こんなになくてもまあ大丈夫」へと変わっていくことがあるものです。

保険料払込期間満了後のプラン

保険料払込期間の満了後に終身保険を解約することで、解約返戻金や配当を原資にいろいろな老後のプラン作りが可能です。

死亡保障コース	死亡保障の全額を継続することはもちろん、その一部だけを継続することもできます。死亡保障が邪魔という遺族はほとんどいません
一括受け取りコース	終身保険を解約し、解約返戻金や積立配当金などをキャッシュ（つまり一時金）で受け取るものです。全額の解約も、一部の解約も可。まとまった金額を手に、夫婦や恋人とヨーロッパ周遊などはいかがですか
年金払いコース	解約返戻金や積立配当金などで個人年金へ加入し、年金を受け取るというものです。終身保険の中には、将来個人年金へ移行するということを前提としているものがたくさんあります。「絶対に長生きするぞ！」、という人に向いています
医療・介護保障コース	解約返戻金や積立配当金などで医療保険や介護保険に加入するというものです。所得保障よりも医療保障や介護保障を重視する人向きです

One Point　保険料払込満了後のプランはいろいろ

保険料払込期間満了後のプランは組み合わせ可能です。たとえば、終身保険の一部を残して、それ以外の部分を個人年金や医療保険などにすることができます。

また、終身払込みや一時払込みを選択されている人は、解約返戻金などを考えて、適当な年齢から老後のプランを設計される場合が多いようです。

7 定期付終身保険の2タイプ

　一昔前、生命保険への新規契約といえば定期付終身保険がほとんどでしたが、難解な仕組みなどのため、今ではその座を医療保険に譲っています。しかし、定期付終身保険への契約者はまだ数多くいます。
　ここではその仕組みの特徴について見てみましょう。

定期付終身保険のしくみ

　竹内さんが入っているのは、普通終身保険。竹内さんと同じマンションで、ちょうど真上にある部屋に住んでいるのが、中谷さん。彼が加入しているのは定期付終身保険です。商品名は、「スーパーハイウェー」。保険証券の「終身保険」の欄と「定期保険特約」の欄にそれぞれ保険金額が記載されています。間違いなく定期付終身保険です。

　定期付終身保険には、上乗せの定期保険の違いで2つのタイプがあります。

●タイプ1　更新型

　更新型は、定期保険の保険期間が10年、15年などとなっていて、終身保険の保険料払込期間満了まで、満期の度に自動更新を重ねていくタイプです。

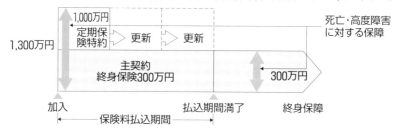

●タイプ2　全期型

全期型は、定期保険の保険期間を終身保険の保険料払込期間満了までとしたもので、自動更新がありません。

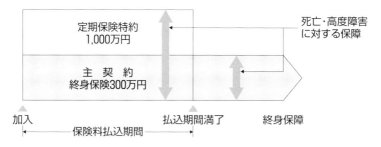

当初は更新型、総額は全期型が安い

更新型では更新のつど保険料が上がりますが、全期型は定額です。また、保険料支払総額でも、更新型が全期型を上回ります。

定期付終身保険の新規契約者が最も多数を占めた1996年度（新契約件数構成比23.1％、同2005年4.3％）の保険料で更新型と全期型の違いを見てみましょう。

契約年齢	定期保険特約(300万円)				主契約(1,000万円)終身保険(平準払込)	備考
	10年更新型			全期型		
	契約後10年間	その後10年間	最後の10年間	全期間		
	円	円	円	円	円	
30歳	801	1,179	2,184	1,134	15,830	60歳満了
35歳	939	1,551	———	1,116	22,930	55歳満了
40歳	1,179	2,184	———	1,512	25,590	60歳満了

F社・口座振替月払・男性

One Point　更新型と全期型の主な点の比較

		更新型	全期型
自動更新		ある	ない
保険料	月額	契約当初は低額。更新のつど増額	契約当初は割高感。常に一定額
	総額	高額	低額
	配当	低額	高額

配当は確実性のないものですので、過度の期待は禁物です。

8 平準払込みとステップ払込み

　定期付終身保険では、終身保険部分を主契約といい、定期保険部分を定期保険特約といいます。この主契約の保険料払込みには、いくつかの異なる方法があります。払込方法の相違で、保険料はどのくらい違ってくるのでしょうか。

主契約の３つの保険料払込方法

　主契約である終身保険部分の保険料払込方法に３つのタイプがあります。

主契約保険料の払込方法

平準払込み　　契約時から保険料払込期間満了まで同額の保険料を払い込むタイプ

ステップ払込み　　契約後一定期間は平準払込の保険料よりも低額とし、その後の期間については平準払込みの保険料よりも高額の保険料とするタイプ

終身払込み　　契約時から生涯にわたり同額の保険料を払い込むタイプ

契約当初の安さ、総額の安さ

　「なるほどなぁー」。書斎からは、聞き慣れた竹内さんの声。竹内さんは一体何に感心したのでしょうか。

　主契約の保険料が、平準払込とステップ払込でどの程度異なるのかを見ていたようです。

　両者の違いは次の図のようなイメージで表現されます。

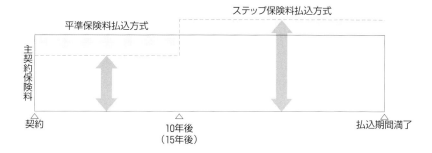

平準保険料払込方式

ステップ保険料払込方式

主契約保険料

契約　　　　　10年後　　　　　払込期間満了
　　　　　　（15年後）

　ステップ保険料払込方式の保険料は、平準保険料払込方式に比べると、契約当初の一定期間は低く、一定期間経過後は高くなります。また、ステップ保険料払込方式の保険料払込総額は、平準保険料払込方式に比べて、多くなります。

　なお、主契約の保険料払込方式にかかわらず、付加された特約の保険料についてはステップ保険料払込方式を選択することはできません。

活用例 4　毎月の保険料支払いはできるだけ少ないほうがいい、という人

　秋山敏夫さん（28歳）は、昨年7月にまるみさんと結婚。月収は手取り30万円。マンションのローン月10万円、自動車ローン月4万円。先月、まるみさんが出産したので定期付終身保険を考えています。でも、保険料のことを思うと「フーッ」とため息が。こういう方には、当初が比較的低額の更新型とステップ払いの利用が向いています。

One Point　解約返戻金の額

保障額が同じならば解約返戻金は次のようになります。
○保険料払込期間中に解約した場合
　解約返戻金は、ステップ保険料払込方式のほうが平準保険料払込方式より少なくなります。
○保険料払込期間満了後に解約した場合
　解約返戻金は、いずれの払込方式を利用された場合でも同額となります。

⑨ 終身保険と定期付終身保険

終身保険に定期保険を上乗せすることにより、定期保険の保険期間内の死亡についてはより高額の保障を行うことを可能にしたものが、定期付終身保険です。特定の期間の保障額だけを高額にしたいときなどに適しています。

限られた期間の保障を高額化

ここは、中谷さんの部屋。彼も、竹内さん同様の一人暮らし。彼のデスクの上には、中谷さんの保険証券があります。キレイなもの。ほとんど見ていない証拠です。いけません。保険証券をよく見ていないと損することもあるのです。

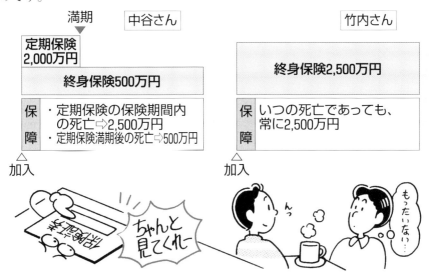

満期 | 中谷さん | 竹内さん

定期保険 2,000万円	
終身保険500万円	終身保険2,500万円
保障	・定期保険の保険期間内の死亡⇒2,500万円 ・定期保険満期後の死亡⇒500万円	保障	いつの死亡であっても、常に2,500万円

加入　　　　　　　　　　　加入

定期付終身保険は、終身保険に定期保険を上乗せすることにより、定期保険の保険期間内の死亡についてだけは、より高額の保障を行うことを可能にしたものなのです。

普通終身保険より効率的な保障

　2001年度の保険料改定前後での普通終身保険と定期付終身保険を取り上げ、双方の保険料と保険金額を比べてみましょう。

保険種類	加入年齢	保険期間	保険金額（万円）	保険料(円)・男性			保険料(円)・女性		
				改定後	改定前	増加率	改定後	改定前	増加率
定期付終身保険	20歳	60歳払込20年定特	3,000/150（20倍型）	7,757	7,473	＋3.8	6,349	6,022	＋5.4
	30歳	60歳払込10年定特		9,499	9,103	＋4.4	8,200	7,808	＋5.0
	40歳	70歳払込10年定特		13,645	13,297	＋2.6	10,931	10,579	＋3.3
終身保険	40歳	60歳払込	1,000	33,030	29,350	＋12.5	30,400	26,400	＋15.2

＊平準払込・口座振替月払

　まず保険金額を見てみると、定期付終身保険（3,000万円）は、普通終身保険（1,000万円）の3倍です。一方保険料では、いずれの契約年齢でも、定期付終身保険のほうが普通終身保険の50％にも遠く及ばない低額になっています。すなわち、定期付終身保険は普通終身保険よりも低額の保険料で、はるかに高額の保障を実現することが可能なものなのです。ここに、定期付終身保険が普及した最大の要因があります。

活用例5　保障はできるだけ高額、老後資金も多少は、と考えている人

　埼玉県のさいたま市で税理士を開業している牧田祥子さん（41歳）。中学2年の芳男君、高校1年の佐知子さん、亡き夫武志さんのお父さん武夫さん（69歳）と4人家族。「効率性で、高額保障には定期保険かな」と思いますが、老後資金にまったくならないのが少々不満。

　このように高額保障は必須で老後資金も少しは、という人に定期付終身保険は向いています。

One Point　満期の際の選択の道

　定期付終身保険の定期保険特約は満期の際に、①診査なしで契約を継続する自動更新、②更新の拒否のほかに、③全部または一部を終身保険に変更することもできます。

81

⑩ 解約返戻金のナゾ

　「終身保険の解約返戻金を期待し、保険料が割安な高倍率の定期付終身保険に加入。ところが、解約返戻金は期待はずれの低額。どうして？」こうした声をよく耳にします。

　終身保険の解約返戻金のナゾに迫ってみましょう。

解約返戻金のしくみ

　「竹内さん。終身保険の解約返戻金がずいぶん少ないようなんですが。」「私は払込後に受け取ったので、結構ありましたよ、三浦さん。保険の種類は何ですか。」「たしか、定期付終身保険です。」「『定期付』の３文字が気になりますね。」

　終身保険では、保険料払込期間満了間近や払込期間満了後に解約すると、解約返戻金が払込保険料を上回ることがあります。つまり、貯蓄性があるということです。

30歳・男性、保険金額1,000万円、保険料払込期間60歳、準有配当

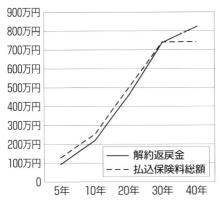

経過年数	解約返戻金	払込保険料総額	返戻率
5年	951,000円	1,242,600円	76.5%
10年	2,134,000円	2,485,200円	85.9%
20年	4,599,000円	4,970,400円	92.5%
30年	7,447,000円	7,455,600円	99.9%
40年	8,275,000円	7,455,600円	111.0%

※既存契約

定期保険特約に解約返戻金はない！

　保険金額3,000万円の定期付終身保険で、終身保険部分が500万円ならば、解約返戻金に結びつくのはこれだけです。保険金額の大半を占める定期保険特約（2,500万円）には、解約返戻金はありません。

定期保険特約 [2,500万円]
解約返戻金なし
主契約・終身保険 [500万円]
解約返戻金あり

　終身保険は貯蓄性のあるものですが、高倍率の定期付終身保険となると貯蓄には不向きといえるでしょう。定期付終身保険はわかりにくい点も少なからずあり、なかでもこの解約返戻金については誤解が生じやすく、トラブルになりやすいところです。

　契約の際に、確認しておきましょう。

活用例 6　終身保障で1億円、しかも安い保険料を、と考えている人

　出版社に勤務する片岡明さん（30歳）。家族のために、何とか1億円の終身保険をと考えています。手元の資料には、「普通終身保険　死亡保険金1億円　男性30歳　保険料月額168,000円　60歳払込満了」とあります。片岡さんの月給は35万円で、住宅ローンは10万円。「これは、キツイなぁー」と片岡さん。

　このように「終身保障で高額を希望、でも普通終身保険の保険料は高い」という人に、定期保険（無配当）は向いています。定期保険（契約年齢30歳、保険期間70歳、1億円）だと、保険料月額は50,200円ですみます。（L社）

One Point　老後資金に役立つのは主契約

　定期付終身保険の総額が5,000万円などと高額でも、払込期間満了後の老後資金に力を発揮するのは、主契約。保険証券等で確認しましょう。

11 間違いやすい3つのポイント

現在、最も普及している生命保険の一つが、定期付終身保険です。そこで、この定期付終身保険について、多くの人が勘違いしやすいポイントを押さえておきましょう。定期付終身保険には、落とし穴がたくさんあります。

定期保険と終身保険を比べると

定期保険は、保険料がかなり安く、また高額な保障が可能ですが、保険期間が限られています。また、保障のみを目的としているので、解約返戻金や配当もきわめて少ないか、あるいはないものもたくさんあります。

	定期保険	終身保険
保 険 期 間	短期間	生涯
保 険 料	安い	高い
解約返戻金	少ない	多い
配 当	少ない	多い

これに対して終身保険は、保障は生涯続きますし、解約返戻金や配当の額も高いのですが、保険料も高額になっています。

> 定期付終身保険の最大のメリットは、普通終身保険より安い保険料で、一定期間、高額（1億円のような）の保障が可能になることにあります

定期付終身保険とは、終身保険に定期保険を上乗せしたものです。これにより、一見不可能と思えるような保障額であっても、かなり低額な保険料で保障が得られる点に、大きな特徴があります。

安い保険料で
高額保障
定期保険　終身保険

「ああ、勘違い」にならないために

引き続き、3人の歓談。「竹内さん。定期付終身保険はいろいろ注意しないといけないんだねぇ」「そうですねぇ。中谷さん」。

どうやら、定期付終身保険の注意すべきポイントについての会話のようです。3人が、絶対に忘れてはいけないこと、としてあげたものは次のことです。

○○倍という高倍率の保障は保険料払込期間の満了まで！	定期保険特約の保険期間は、全期型でも更新型でも、主契約の保険料払込期間の満了までがほとんど。そこで、定期付終身保険（1,000万円／100万円）10倍型の場合に、死亡保障1,000万円は保険料払込期間の満了まで。その後の死亡については、終身保険の100万円だけです。
更新型では自動更新のたびに保険料がググッと上がる！	契約当初の保険料が安い更新型では、普通の定期保険と同様に自動更新があります。更新後の保険料はそのときの年齢で決まるので、更新ごとに保険料が急増。総額では、全期型のほうが安くなります。
○○倍という高倍率でも解約返戻金は○○倍にはならない！	「『10倍型』なら解約返戻金も10倍になるんだろう」と思っていたら大間違い。定期保険特約には解約返戻金は皆無。それを決めるのは主契約の金額だけ。逆に、高倍率だと見かけの返還率はたいへん低くなります。

定期付終身保険の10倍型とは？

定期付終身保険（1,000万円／100万円）10倍型の意味
　　　　　　　　　　　　　　　　　　　　　　└→（b/a）
　　　　　　　　　　　　　　　　　→ 主契約・終身保険の額：a
　　　　　　　　　　　　　　　　　→ 主契約＋定期保険特約の合計額：b
　　　　　　　　　　　　　　　　　そこで、定期保険特約の額＝b－a

12 積立利率変動型終身保険

　普通の終身保険では、保険金額等が定額です。これに対して、積立利率変動型終身保険は、定期的に積立利率を見直すことにより、保険金額や解約返戻金を変更するものです。
　このしくみを見てみましょう。

積立利率変動型終身保険のしくみ

　終身保険の保険期間は「終身」と長期で、保険金額や解約返戻金は契約時に決定されます。

　これは、将来受け取る額が保証されているのですが、インフレの場合、その金額の価値が目減りする可能性があります。

　そこでその対応として、積立利率変動型終身保険では定期的に積立利率を見直し、保険金額や解約返戻金を変更します。

　景気が好転し、金利が上昇すれば、保険金額や解約返戻金も増額されます。

　一方、この反対の場合には最低保証があり、利率は据え置かれ、契約当初の保険金額や解約返戻金が支払われます。

積立利率変動型終身保険のメリット・デメリット

メリット	デメリット
・インフレに対応 ・金利変動に対応 ・最低保証がある	・しくみが複雑 ・保険料が割高 ・最低保証は普通終身保険より低額

　積立利率変動型終身保険は、景気の好転が予想される場面で、魅力が発揮されるもの。しくみも複雑ですので、契約時には注意が必要です。

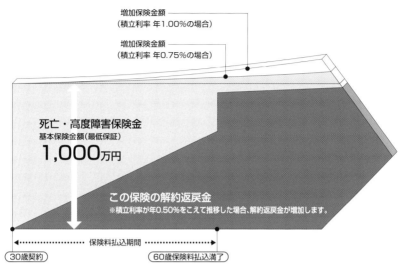

増加保険金額
（積立利率 年1.00%の場合）

増加保険金額
（積立利率 年0.75%の場合）

死亡・高度障害保険金
基本保険金額（最低保証）
1,000万円

この保険の解約返戻金
※積立利率が年0.50%をこえて推移した場合、解約返戻金が増加します。

← 保険料払込期間 →

（30歳契約）　　　　　　　　（60歳保険料払込満了）

経過年数（年）	年齢（歳）	払込保険料累計 ① （円）	積立利率 年0.50%			積立利率 年0.75%		積立利率 年1.00%	
			基本保険金額	解約返戻金 ②	返戻率 ②／①	基本保険金額＋増加保険金額	解約返戻金	基本保険金額＋増加保険金額	解約返戻金
5	35	1,628,880	1,000万円	約 97万円	60.0%	約1,000万円	約 98万円	約1,001万円	約 99万円
10	40	3,257,760	1,000	208	64.0	1,003	211	1,007	215
15	45	4,886,640	1,000	315	64.6	1,008	323	1,017	331
20	50	6,515,520	1,000	425	65.2	1,015	439	1,031	454
25	55	8,144,400	1,000	537	65.9	1,024	560	1,050	584
30	60	9,773,280	1,000	653	66.8	1,036	687	1,074	723
31	61	9,773,280	1,000	935	95.7	1,039	972	1,080	1,011
35	65	9,773,280	1,000	945	96.6	1,049	992	1,101	1,041
40	70	9,773,280	1,000	956	97.8	1,062	1,016	1,129	1,080

①30歳・男性・60歳払込満了・保険金額1,000万円・口座振替月払（月額27,148円）
②上表の数値は、積立利率（0.50%、0.75%、1.00%）が保険期間中一定でそのまま推移したと仮定して計算したもの。なお、積立利率0.50%については最低保証されています。

One Point　　**複雑なしくみに要注意**

　積立利率変動型終身保険は、普通の終身保険と比べてそのしくみは複雑。一方、「最低保証がある」「金利が上昇すれば得」などのメリットがあり、これに引きずられ、複雑なしくみの理解がおざなりになりがちです。
　複雑なしくみをきちんと理解してから契約しましょう!!

⑬ 利率変動型積立終身保険

大手保険会社が「利率変動型積立終身保険」を発売したことを契機に、その後、数社が追随しました。いずれの社でも、定期付終身保険を販売終了とし、それに代わる主力商品として位置づけています。この新しいタイプの保険のしくみを見てみましょう。

利率変動型積立終身保険のしくみ

利率変動型積立終身保険は、積立利率変動型終身保険と「積立」の位置が異なるだけでよく似た名称。ですが、そのしくみはまったく異なります。

利率変動型積立終身保険では、保険期間を第1保険期間と第2保険期間とし、前者では積立部分を主契約、特約部分（定期保険、医療保険等）を付加し、終身保険と特約部分の保険料を払い込み、終身保険の保険料が積立部分に充てられて積立金となります。後者では、前期間での積立金を元に終身保険に移行するというものです。

保険の種類	保障内容	解約返戻金
積立利率変動型終身保険	契約時から生涯保障。死亡保険金（最低保障あり）と増加死亡保険金（運用結果による）。	最低保証あり。運用結果により、増額。
積立終身保険	保険料払込期間中：死亡保障なし。払込保険料程度の支払。 保険料払込期間満了後：生涯保障。	保険料払込期間中：払込保険料程度。 保険料払込期間満了後：満了後の経過期間に応じて増額。
利率変動型積立終身保険	保険料払込期間中：死亡保障なし。積立金（変動する）程度の支払。 保険料払込期間満了後：生涯保障。積立金（変動する）により保障額は異なる。	保険料払込期間中：積立金（変動する）程度。 保険料払込期間満了後：積立金（変動する）により異なり、経過期間に応じて増額。

積立終身保険では、保険料払込満了までの間は保障はなく（払込期間中の死亡については払込保険料程度）、満了後に初めて終身保険による生涯保障となります。払込期間中は死亡保障がないため、一般の終身保険よりも保険

料が低額です。このケースの場合、30歳から60歳まで保険料を払い込み（この間は死亡保障はありません）、払込保険料を原資に、60歳になってようやく生涯保障の終身保険に変更します。「加入したときから保障が始まる」わけではありません。

　利率変動型積立終身保険でも、このしくみは同じです。異なる点は、終身保険へ移行する原資になる「積立金」が増減するということです。積立金の積立利率は一定期間（保険会社により3年あるいは毎年）ごとに見直され、また自由に出し入れできます。これらにより積立金は変動し、それにつれ終身保険の保障額も変わります。

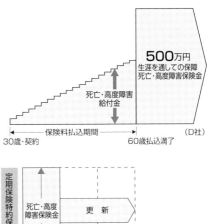

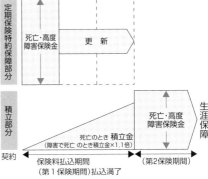

払込満了後に終身保険の保障開始!!

　保険料払込満了後の第2保険期間で、やっと終身保険の保障が開始。保険金額は、第2保険期間開始時の積立金の金額で決定されます。ここまでの保障が終身保険の金額と同額だとしても、それは定期保険特約等で行われているので、この特約部分の保険料は積立金には含まれていません。

　なお、払込満了後には終身保険の保障のほかに、年金への移行、一時金として受け取る方法、積立継続などさまざまな選択肢があります。

One Point　積立金の増減に注意

　払込保険料から保障部分（死亡保障や医療保障）の保険料を除いた部分が積立金となります。積立金の出し入れには一定の制限があるものの、サイフと同じようなもので、ほとんど自由に行うことができます。積立利率には最低保証がありますが、出し入れが自由なため、積立金額は増減します。なお、積立金の出し入れには、保険会社が定める手数料を支払うこととなります。

14 利率変動型積立終身保険の保障の見直し

ライフサイクルの変化に応じ、保障ニーズも変化します。定期付終身保険は「転換」による保障の見直しで、トラブルが続発しました。利率変動型積立終身保険では「転換」によらず保障の見直しができますが、そのしくみを見てみましょう。

新たな保障の見直しのしくみ

　利率変動型積立終身保険では、積立金（主契約・払込期間満了後の終身保険の元）と保障部分（死亡保障や医療保障）の保険料をまとめて払い込みます。払い込まれた金額から、保障部分の保険料を除いた残りが積立金となります。

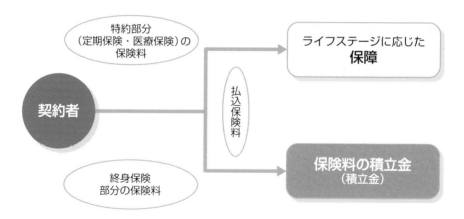

　契約後、保障部分の更新時などに、保障を増額したいときは積立金の一部を取り崩し保障部分に充てることができます。積立金を増額したいときは、保障部分の減額や積立金部分の保険料を増額します。あるいは年2回の賞与時に5万円ずつというように、まとめて積立金部分の保険料を払い込むことも可能です。なお、払込保険料の減額も可能です。

● 保障の見直しや更新時に

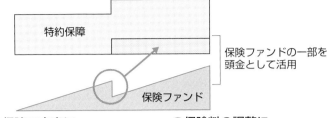

特約保障

保険ファンドの一部を
頭金として活用

保険ファンド

● 保障の充実に

払込保険料
25,000円 → 25,000円

特約部分 の保険料 15,000円	20,000円
終身保険 の保険料 10,000円	5,000円

変わらない保険料で保障を
充実することができる

● 保険料の調整に

払込保険料
25,000円 → 10,000円

特約部分 の保険料 15,000円	10,000円
終身保険 の保険料 10,000円	5,000円

*5,000円は積立金
から取り崩して充当

保障内容はそのままで払込保険料を
ダウンすることができる

　保障の見直しは、自由自在に毎年できるとされています。つまり、見直し
を前提とした保険ということができるでしょう。

定期付終身保険と類似点も

　定期付終身保険は、終身保険（主契約）と定
期保険（特約）のセットですが、保険料払込期
間後は終身保険だけ。一般に、定期保険の保険
金額が終身保険の数倍にものぼり、保険料払込
期間満了後に「保険金が少なすぎるのでは？」
との疑問が多数聞かれました。

定期付終身保険（更新型）

定期保険 特約	
終身保険	

保険料払込期間

　利率変動型積立終身保険は、定期付終身保険
の保険料払込期間の終身保険を取り除いたしく
みと考えることができます。定期付終身保険で
の注意点は、おおむねこの保険にも該当します。

利率変動型積立終身保険

定期保険 特約	
終身保険なし	終身保険

One Point 　積立金額の透明性

　定期付終身保険の場合、払込保険料で貯蓄部分がどのくらいなのか疑問の声が聞か
れました。利率変動型積立終身保険では積立金を設定し、その状況について「年次レ
ポート」が作成とされ、貯蓄部分にあたる積立金の透明性を確保するようにしています。

15 生命保険の見直し

　生命保険は長期にわたる契約です。ライフサイクルの変化に伴い保障ニーズも異なってくるので、ときおり、保障内容を見直すことが大切です。これを、生命保険の見直しといいます。その代表的な方法を見てみましょう。

中途増額

　中途増額とは、現在の契約に定期保険を特約として上乗せし、死亡保障だけを大きくするものです。

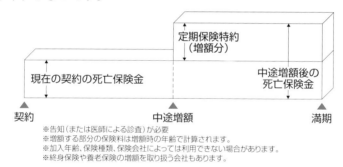

※告知（または医師による診査）が必要
※増額する部分の保険料は増額時の年齢で計算されます。
※加入年齢、保険種類、保険会社によっては利用できない場合があります。
※終身保険や養老保険の増額を取り扱う会社もあります。

　保険種類を変えずに死亡保障額だけを増額する場合、一般には、転換よりも中途増額の方が割安となります。

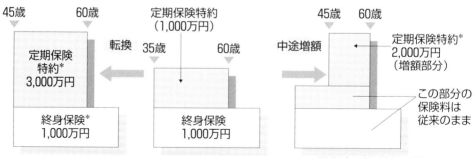

＊45歳時の保険料で計算⇨高額化

特約の中途付加・変更

特約の中途付加・変更とは、現在の契約に医療関係の特約を付加したり、本人だけでなく家族も保障するタイプの特約への変更などをするものです。

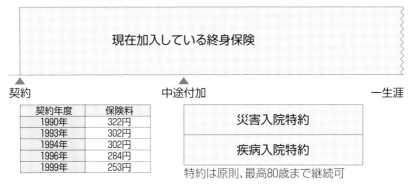

契約年度	保険料
1990年	322円
1993年	302円
1994年	302円
1996年	284円
1999年	253円

災害入院特約

疾病入院特約

特約は原則、最高80歳まで継続可

※特約の保険料は、付加時の年齢で計算されます。
※告知（または医師の診査）が必要です。
※保険種類や保険会社によって取り扱いが異なります。

追加契約

これは、現在の契約はそのまま継続し、新たに生命保険に加入するものです。新たな生命保険の保険料は、その契約時の年齢により計算されます。

追加契約

＋

現在の契約 ➡ 現在の契約

One Point　ご自分にぴったりですか

独身者やOLは、一般に、高額な生命保険は不要です。しかし時々、高額な契約や同様な保障内容の保険をいくつも契約している方を見かけます。保障額は、高額なほどよいというものではありません。自分に必要な金額であればよいのです。あまりに高額な場合には、中途減額などで適正な金額にしておきましょう。

16 契約転換制度とは

少し前は、定期付終身保険に加入し定期保険特約の更新時を迎えると、必ずといってよいほど営業職員は契約転換をすすめました。しかし、難解なしくみのため誤解が生じ、トラブルが多発しましたが、その原因に迫ってみましょう。

契約転換制度のしくみ

契約転換制度とは、既契約の転換価格（解約返戻金や積立配当金など）を、新たに加入する保険の保険料の一部に充当し、既契約から新規契約に乗り換えるもの。つまり、生命保険の下取りです。

定期付終身保険の転換では、保障額は大型化したものの終身保険が減額されたなどのトラブルが見受けられます。

【トラブル例】
・定期付終身保険を増額、保険料はほぼ同額、しかし終身保険が大幅に減額された
・払込期間が延長された、定期特約が更新型になっていた、など

転換前（92年度契約）
男性30歳：終身保険500万円
60歳払込満了、定期特約1,500万円・10年更新型
口座振替月払9,970円（予定利率5.5％）

転換後（2002年度契約）
男性40歳：終身保険150万円
70歳払込満了、定期特約2,850万円・10年更新型
口座振替月払13,645円（予定利率1.65％）

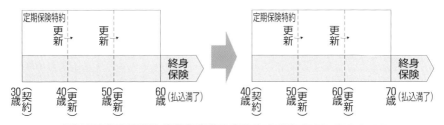

転換前・転換後の保険料は、ともに新規契約時の保険料。転換後の保険料は、転換前の契約の解約返戻金や配当金を充当するので、実際にはこれよりも低額となる。

「解約返戻金を老後の資金に」と考える契約者は少なくありません。多少保障額が増えても、解約返戻金のもとになる終身保険が減額されれば、意味がありません。しかも、転換後の予定利率が低ければなおさらです。

生命保険では、保障額が同じでも予定利率が高ければ保険料は安くなります。契約転換の場合、保険料は現在の予定利率が適用されますが、最近の改定はいずれも予定利率の引き下げのため、契約の転換は予定利率の低下を招きます。

終身保険1,000万円　男性40歳・払込満了60歳・口座振替月払

1991年度		2001年度
16,920円	⇨	33,030円

つまり、契約者にとって有利な契約から不利な契約への変更です。契約者が後でこれに気づき、トラブルとなるのです。すなわちトラブルの原因は、しくみについて、営業職員の説明不足や契約者の理解不足などということでしょう。

転換は、保険会社の逆ザヤ問題解消のためではとの懸念もあり、「安心を売る生保が不安の元になるようではいただけない」（B紙社説）との指摘もありました。

トラブル防止策の策定

契約転換のトラブル防止のため、金融監督庁（現金融庁）は、2000年5月、保険業法施行規則を改正しました。これには、転換契約締結の際、転換前後の保険金額、保険料、保険料の支払期間、その他の重要事項を書面で比較し、説明することなどが盛り込まれました。

一方、同年8月、金融庁はA社について、「転換契約の際の契約者の保険料負担について、保険契約者に誤解を与えかねない説明により、募集行為を行った」などの行為が確認されたとして、行政処分を行いました。

One Point　転換には、次の3種類がある

基本転換……転換価格を終身保険のみに充当する方式。終身保険の保険料だけが軽減。
定特転換……転換価格を定期保険特約のみに充当する方式。保険料負担が軽減されるのは定期保険特約のみ。また、特約更新時の保険料負担は軽減されない。
比例転換……転換価格を一定の割合で分割し、終身保険と定期保険特約のそれぞれに充当する方式。終身保険、定期保険特約それぞれについて、保険料負担が軽減される。特約更新時の保険料負担が軽減されるのは終身保険のみ。

1 満期時の生存には満期保険金

養老保険は、被保険者が死亡したときに死亡保険金が支払われるだけではなく、被保険者が満期時に生存している場合にも満期保険金が支払われます。そこで、保障の機能に貯蓄の機能を兼ね備えた保険といわれています。

養老保険のしくみ

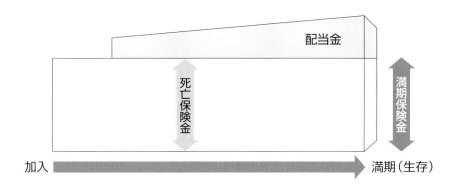

養老保険は生死混合保険の典型例で、保険期間と保険金が同一の死亡保険と生存保険を組み合わせたものです。すなわち、被保険者が一定の保険期間内に死亡したときには死亡保険金が支払われ、保険期間満了時に生存していたときにも同額の満期保険金が支払われます。

つまり養老保険では、「死んでも、生きのびても、保険金が支払われる」ということになり、死亡保障の機能に併せて貯蓄の機能をも持ったものであるといわれています。

利回りの実際

養老保険は貯蓄性のある商品です。当然、定額貯金や国債などと比べて、

どの程度の利回りなのかが気になるところです。従来日銀では、代表的金融商品について「主要貯蓄商品利回り一覧表」として公表してきました。しかし、金融自由化の進展などを理由とし、1999年3月末を最後に、作成が取り止められました。次の表は最後のものの一部（いずれも預入れ期間5年）です。利回りは低いものの、一時払い養老保険がトップでした。

貯蓄商品	課税後	課税前	貯蓄商品	課税後	課税前
一時払い養老保険	1.42%	1.78%	貸付信託	0.44%	0.55%
割引国債	1.1%	1.35%	金銭信託	0.34%	0.43%
抵当証券	1.04%	1.3%	大口定期預金	0.32%	0.4%
ワイド	0.65%	0.81%	スーパー定期300	0.28%	0.35%
利付金融債	0.64%	0.8%	スーパー定期	0.24%	0.3%
ビッグ	0.44%	0.55%	定額貯金	0.16%	0.2%

日銀、マイナス金利政策の解除を決定

　日本銀行（日銀）は2016年2月16日、わが国初となるマイナス金利を導入しました。これにより長期国債の利回りが低下し、運用利回りが予定利率を下回る逆ザヤに陥る危険性が増大。生保各社は一時払い養老保険や一時払い終身保険を相次ぎ販売停止する事態となりました。日銀は、2024年3月19日、金融緩和政策の終了を決定、マイナス金利を解除し17年ぶりに利上げ。これを受け、一時払い終身保険の予定利率を引き上げ、保険料を引き下げる会社も出てきました。

一時払い終身保険

契約年齢	保険金額		現行	改定後	増加率	減少額
70歳	500万円	男性	481万1,350円	453万9,600円	△5.6%	27万1,750円
		女性	473万4,550円	439万7,000円	△7.1%	33万7,550円

One Point　　**養老保険の新規契約件数は約3.6%**

　保険種類別の新規契約件数の順位は、医療保険（346万件、構成比26.9%）が最も多く、終身保険（181万件、同14.1%）、定期保険（172万件、同13.3%）、ガン保険（168万件、同13.0%）、変額保険（73万件、同5.7%）と続き、最後に養老保険（46万件、同3.6%）となっています（『生命保険の動向2023』生命保険協会）。

② 養老保険のポイント整理

　養老保険では、満期保険金の支払いがあるということが、大きな特徴となっています。このほかにも定期保険や終身保険などと比べてどのような違いがあるのでしょうか。

　大切なポイントについて見てみましょう。

重要項目を整理してみると

　養老保険の最も大きな特徴は、被保険者が満期時に生存していた場合に死亡保険金と同額の満期保険金が支払われるという点にあります。このほかにも、定期保険や終身保険とは異なる点が多々ありますが、それらを整理したものが右の表です。

項　目	内　容
保 険 期 間	加入から満期までの期間
自 動 更 新	ある
保 険 料	かなり高額
配　　当	高額
満期保険金	ある
解約返戻金	高額

活用例 1 退職までには1,000万円を作りたい、と考えている人

　仙台市の製鉄会社に勤務する伊達さん（30歳）。従業員200人程度の中堅企業。伊達さんの月収は40万円、ボーナス年2回。60歳定年制で退職金は金一封程度の額。

　「入社のときは気にならなかったけれど、やっぱりまとまった額の退職金が欲しいなぁ」と思う今日この頃。そこで、定年までに何とか1,000万円を作っておきたいと考えています。

　このように「長期間で着実に貯蓄できればいい」という人に、養老保険は向いています。もし、伊達さんが30年満期の養老保険に加入すれば、毎月26,400円の負担で満期保険金1,000万円。それ以前の死亡にも、同額の死亡保険金が支払われます。（D社）

養老保険を分類すると

養老保険を分類すると、次のようになります。

**養老保険の
しくみによる
分類**

- 普通養老保険 —— P.96のタイプ
- 定期付養老保険 —— 養老保険に定期保険を
上乗せしたタイプ

**保険料の
払込期間に
よる分類**

- 全期払込養老保険 —— 保険料の払い込みを保険期間の
満了までとするタイプ
- 短期払込養老保険 —— 保険料の払い込みを保険期間の
満了前に終えるタイプ
- 一時払込養老保険 —— 保険料を加入時に一括して
払い込むタイプ

One Point　保障性と貯蓄性

　死亡保険金と同額の満期保険金の存在は、養老保険を貯蓄性に優れるものとしています。そこで、養老保険とは「満期保険金に死亡保障がついている」ものという見方が世間では多いようです。

③ 料率改定で保険料はどうなる

養老保険は貯蓄性に富んだ商品です。そのため、予定利率の引き下げ（引き上げ）は保険料の値上がり（値下がり）となってはね返ってきます。

2013年と2007年の改定では、どのくらいの影響となったのかを見てみましょう。

改定前後の保険料を比べると

高層ビルが林立する新宿副都心。ここは、その中の一つのビルの最上階のレストラン。昼どきで店内はお客でいっぱい。窓際のテーブルには、ＯＬ２年目の吉村さん（23歳）と水島さん（23歳）が、もうすぐ１時だというのにのんびりとコーヒーを飲んでいます。「養老保険のほうが、いいみたいョ」「でも、貯金のほうが、ずんぶん気軽にできそうョ」と、話がはずんでいます。

２人は、昨年４月の同期入社。最近、「将来に備えて、お金を貯めよう！」ということで意気投合。いろいろと研究に余念がありません。

2013年の改定で、保険料が値上がりとなりましたが、貯蓄性の高い商品や保険期間の長い商品ほど値上がり率は大きく、一方、保障性の高い商品・保険期間の短い商品ほど値上がり率は小さくなりました。

養老保険の保険料は、2013年の改定の前後で次のようになりました。

	加入年齢	改定前	改定後	増加率
男性	30歳	7,587円	7,650円	100.8%
	40歳	12,132円	12,222円	100.7%
	50歳	25,476円	25,896円	101.6%
女性	30歳	7,470円	7,539円	100.9%
	40歳	11,946円	12,042円	100.8%
	50歳	25,131円	25,572円	101.8%

※保険期間60歳・60歳払込　保険金額300万円　口座振替月払

●2007年改定の影響で一時払い養老保険の販売停止が増加

なお、2007年にも予定死亡率の変更に伴う保険料改定が実施されましたが、普通養老保険の保険料の変動は、わずかなものにとどまっていました。

		改定後				改定前				改定後／改定前			
		保険期間／払込期間				保険期間／払込期間				保険期間／払込期間			
		10年	15年	20年	30年	10年	15年	20年	30年	10年	15年	20年	30年
男性	25歳	8,423	5,482	4,063	2,581	8,463	5,521	4,101	2,618	99.5%	99.3%	99.1%	98.6%
	35歳	8,445	5,515	4,108	2,658	8,489	5,557	4,151	2,706	99.5%	99.2%	99.0%	98.2%
	45歳	8,532	5,622	4,240	2,862	8,581	5,675	4,302	2,944	99.4%	99.1%	98.6%	97.2%
	55歳	8,735	5,872	4,563	3,394	8,842	5,993	4,699	3,578	98.8%	98.0%	97.1%	94.9%
	65歳	9,287	6,589	5,499	—	9,467	6,811	5,780	—	98.1%	96.7%	95.1%	—
女性	25歳	8,405	5,464	4,043	2,554	8,444	5,502	4,081	2,591	99.5%	99.3%	99.1%	98.6%
	35歳	8,425	5,487	4,073	2,595	8,467	5,530	4,114	2,639	99.5%	99.2%	99.0%	98.3%
	45歳	8,471	5,543	4,135	2,684	8,519	5,591	4,186	2,748	99.4%	99.1%	98.8%	97.7%
	55歳	8,548	5,635	4,257	2,913	8,619	5,714	4,351	3,055	99.2%	98.6%	97.8%	95.4%
	65歳	8,761	5,925	4,665	—	8,908	6,112	4,907	—	98.3%	96.9%	95.1%	—

※無配当普通養老保険・口座振替月払・保険金額100万円・１社

　一方、一時払い養老保険は普通養老保険よりも変動幅が大きくなり、利回り低下のために販売停止とする会社が相次ぎました。

一時払い毎年配当タイプ養老保険の保険料例（契約年齢40歳、保険金額500万円）

	性別	改定後①	改定前②	差額（①−②）	比率（①÷②）
6年満期	男性	486万5,050円	493万5,600円	△70,550円	98.6%
	女性	486万4,550円	493万5,250円	△70,700円	98.6%
10年満期	男性	464万450円	470万6,400円	△65,950円	98.6%
	女性	463万8,600円	470万4,800円	△66,200円	98.6%

One Point　　**貯蓄性商品は利率変動の影響が大**

　1996〜1997年、取扱機関の多くが予定利率を引き下げました。これに伴い、ほとんどの商品で保険料も上昇。とりわけ、養老保険や個人年金など貯蓄要素の強いものは、影響が甚大でした。この数年の間に、養老保険は、平均的なサラリーマンにはかなり利用し難くなりました。

期間	年払保険料	上昇率	賃金上昇率
1990年〜	19,578円	−2%	5.3%
1993年〜	21,168円	8%	2.1%
1994年〜	23,946円	13%	2.6%
1996年〜	27,323円	14%	1.5%

＊普通養老保険（100万円）、男性30歳・30年満期

4 高額な解約返戻金

養老保険の解約返戻金は、定期保険や終身保険と比べてかなり高額です。これも貯蓄性に優れていることの一つです。一体、どのくらいの額なのでしょうか。

加入期間による返還率の推移を見てみましょう。

養老保険の返還率はかなり高い

●養老保険の解約返戻金

「なるほどねぇ。養老保険は長生きしなければならないのね」と吉村さん。「そうなの。でも、美人薄命っていうから私たちには向かないわ」「そうね」「それから、養老保険は解約返戻金が結構いいみたいよ。ちょっと、これを見てよ」と中島さん。

テーブルの上に出された彼女の手帳には、いろいろな図や表が書かれてありました。

女性30歳で契約（2001年）、10年満期、満期保険金100万円、月払保険料7,837円（口座振替）

経過年数	払込保険料の総額	解約返戻金額	払戻率
1年後	94,044円	86,700円	92.2%
3年後	282,132円	273,270円	96.9%
5年後	470,220円	468,810円	99.7%
7年後	658,308円	673,740円	102.3%
9年後	846,396円	888,630円	105.0%
10年後（満期時）	940,440円	1,000,000円	106.3%

＊無配当（B社）

　養老保険の保険料には、満期保険金の支払いのために積み立てておく部分があります。そのため、解約返戻金と払込保険料との差額は、定期保険と比べると小さく、経過年数に応じてほぼ同じペースで増加していきます。

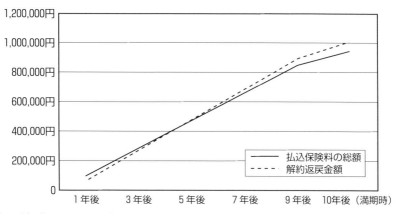

●使い道がいろいろの解約返戻金

　解約返戻金が比較的高額であるということは、これを老後の資金や、緊急時の資金などとして幅広く利用することができるということになります。

活用例
2

突然、収入が途絶えたときに、当座の費用に利用したい人

　安達さん（48歳）は、業界中堅の家電メーカーＡ社に勤務。Ａ社は、ここ数年来業績が芳しくなく、このたび突然、業界大手のＢ社の傘下入り。

　社内で徹底したリストラが実施され、ほんのわずかな退職金を手に、安達さんも多数の同僚とともに長年勤めた職場に別れを告げることになりました。給料はゼロです。でも、住宅ローンはなくならないし、家族の生活もあります。「よし、がんばるぞ！」と、安達さん。このような突然の不幸に見舞われ、収入が途絶えたとき、解約返戻金が利用できます。

One Point

不況時に大活躍の解約返戻金

　景気の後退局面では、多くの人が緊急事態に直面します。当然、解約返戻金の支払額・件数がそれ以前に比べて急増しています。

5 保険料の払込みに頭を抱えるときは

養老保険の保険料は高額です。そこで保険料の払込みができなくなるときもあります。そんなとき、保険料の払込みを中止して保険を継続する方法があります。

この便利な方法を「払済保険」といいます。

保険料の払込みが困難なときは

保険料の払込みが困難なときには、解約以外にも次のような方法があります。

保険料の払込みが困難	保障の継続	払込猶予期間	(P.188参照)
		自動振替貸付制度	(P.40参照)
	解約	契約の失効と復活	(P.192参照)
		払済保険	(P.104参照)
		延長保険	(P.106参照)
		中途減額	(P.108参照)

払済保険とは何だろう

水島さんたちがいるレストランと壁をはさんだこちらは、洋風居酒屋。もうすっかり夜。店の中は、アルコールの匂いと料理とお客さんで満杯。窓際の囲炉裏風のテーブルには、37階の広告代理店の3課のメンバーが勢ぞろいしています。皆さんすっかりいいご機嫌。「ところで、保険料の支払いができなくなったら、もうダメなのかしら？」「そうでもないみたいですよ」「払済保険ていうのがあって、これが案外使えそうなのよね」

昼間の会議室の続きを酔っぱらってもやっています。

　払済保険とは、保険の種類や保険期間を変えずに、保険料の払込みを中止し、解約返戻金をそれ以降の保険期間についての一時払い保険料に充当することで保障を継続する方法です。

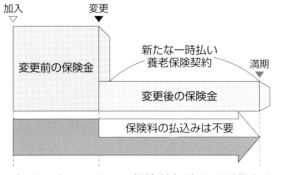

　上の図は、▽で養老保険に加入しましたが▼で保険料払込みが困難となったので、その時点での解約返戻金を残りの保険期間についての一時払い養老保険の保険料にあてたものです。そこで、それ以後の保険料払込みは不要となりますが、その期間についても、新たな一時払い養老保険の死亡保険金や満期保険金は支払われます。ただ、以前よりも保険金額が減額となるのです。

活用例3　保険料払込みは困難だけど養老保険はやめたくない、という人

　川崎市の洋菓子メーカー勤務の高橋さん（40歳）。今年、長女の幸枝さん（19歳）が私立大学に入学。
　約10万円の住宅ローンに加えて新たに学費が肩にズシッ。月給45万円ですが、ここ数年のベースアップはごくわずか。毎月の家計は少々キツイ感じ。「10年続けた養老保険、解約以外に手はないか？」と思案の最中。このように、「解約はしたくない」という人に払済保険は向いています。高橋さんが払済保険にすると、下の図のようになります。

養老保険	30歳加入・60歳満期　保険金1,000万円　男性	40歳で払済保険へ変更	一時払い養老保険	40歳加入・60歳満期　保険金380万円

One Point　無理な払込みは禁物！

　毎月の保険料の払込みが厳しくなってきたら、決して無理して払い続けるということはしないほうが賢明です。将来支払われる保険金よりも、現在の生活のほうがはるかに大切なのです。

6 延長保険は短くなる

　払済保険と似たものに延長保険があります。保険料の払込みを中止して保障を継続するという点では同じですが、異なる点もいくつかあります。

　それでは、延長保険とはどのようなものなのでしょうか。

延長保険とは何だろう

　「ふーん。保険料を払わなくても保険が続くの。払済保険というのは、オモシロイのねぇー」とグラスに残ったチューハイをグイッと一気に飲み干し、サラダに箸をのばした田中さん。すると、スルメをかじりながら石田さんが、「あのねぇ。それから、似ているヤツに延長保険ていうのも確かあったんダヨネ」。こちらはかなりろれつが危なくなってきています。もう、みなさんたいへん。でも、会話は弾んでいるようです。

　延長保険とは、保険料の払い込みを中止して、その時点での解約返戻金を一時払いの定期保険の保険料に充当することで、そのとき以降の死亡保障だけを継続する方法です。延長定期保険ということもあります。

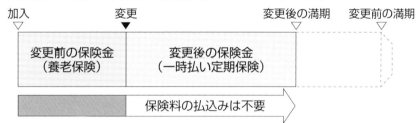

　上の図の例は、▽で養老保険に加入したのですが▼で保険料払込みが困難となったので、その時点での解約返戻金をそれまでの死亡保険金と同額の一時払い定期保険の保険料にあてたものです。そこで、それ以後の保険料の払込みは不要となりますが、その期間についても、新たな定期保険から死亡保険金が支払われます。なお、変更後の保険期間がどこまでになるのかは変更

時点での解約返戻金の額によりますが、最長でも元の保険期間が限度とされています。

もし、元の養老保険の保険期間まで同額の定期保険を購入しても契約返戻金に余りが生じたときは、その額は満期時に生存保険金として支払われます。

〈払済保険と延長保険の比較〉

	払済保険	延長保険
保険料払込み	不要	
保障	継続する	
保険期間	変更なし	短くなる
保険金	減額	死亡保障だけ

活用例
4

満期保険はあきらめて、死亡保障だけにしたい、という人

尼崎市の精密機械メーカー勤務の野崎さん（40歳）。月給40万円、住宅ローン12万円。老後の資金にと養老保険を10年続けています。

今春、めでたく長男の和志君（19歳）が東京の私立大学に入学。そこで、これから少なくとも4年間は、住宅ローンのうえに毎月10万円の仕送りです。「キツイなぁ。養老保険はダメか。でも、卒業するまでは、死亡保障がないと心配だしなぁ」と思いは複雑。

このように、「死亡保障だけは残したい」という人に延長保険は向いています。

One Point

利用する際のチェック・ポイント

払済保険と延長保険については、次のことも注意しましょう。
①解約返戻金の額が少ない場合には、利用することができません。
②これらの制度の適用がないとしているものもあります。
③「契約後○○年経過してから」払済保険や延長保険を利用できるとしているものもあります。

7 中途減額は保険料を払込む

　払済保険や延長保険を利用したくても利用ができない場合もあります。そういうときに、払込みができる程度の保険料にするために保障額を減額するのが中途減額です。
　中途減額とは、どのようなものでしょうか。

中途減額とは何だろう

　「へぇー。延長保険というのは、死亡保障だけは残るのネ」とオイシソウに抹茶アイスを食べている中嶋さん。「そう。うまいことできてるでしょ」と石田さん。彼女は、お茶を飲んでいます。そろそろ、宴会もオシマイのようです。「あ、それから延長保険も使えないときには、中途減額というのもあるのョ」「それ、わかりやすそうな名前ね」「これはねー……」

　中途減額とは、毎月の保険料の払込みが厳しくなったときに、保険金を減額することにより、払い込む保険料の負担を軽減しようとするものです。払済保険や延長保険の場合には、以後の保険料の払込みはまったくなくなるのですが、この中途減額では減額された保険料を払い込むことになります。

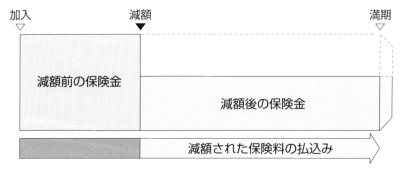

　中途減額は保険金の一部を解約したこととなるので、その部分についての解約返戻金が支払われます。また、「最低保険金額1,000万円」というように決められているものの場合には、その額以下には減額はできません。

　なお特約がついている場合、その部分についても減額の取り扱いがされることが多いようです。

〈払済保険と中途減額の比較〉

	払済保険	中途減額
保険料払込み	不要	減額
保　険　金	減額	減額
保　険　期　間	変更なし	変更なし
解　約　返　戻　金	受け取れない	受け取れる

活用例5　こどもが成長したので保障額を減額しよう、と思っている人

　神戸市のコンビニチェーン本部の並木さん（45歳）。次女の真由美さん（20歳）は地元の国立大学2年。保障と老後の資金のために、彼女が生まれたときから3,000万円の養老保険に加入しています。

　この数年は、給料が伸び悩み。でも、毎月の保険料払込みができないというほどではありません。しかし、以前よりも保険料の負担は重く感じられます。「真由美も大きくなったし、少し減らしてみようかなぁ」と考えています。

　このように保険料払込みが困難なときばかりでなく、こどもの成長などに合わせて中途減額を利用することもできます。

One Point　「復旧」とは？

　払済保険、延長保険、中途減額を行った後に、元の保険料の払込みが可能になったときは、一定の期間内に所定の保険料を払い込むなどの必要な手続きを行うことにより、元の契約に戻ることができます。これを「復旧」といいます。もちろん、保険料払込みが可能になったからといって、復旧しなければならないということではありません。

⑧ 一時払い養老保険

予定利率の低迷により、養老保険は魅力に乏しいものになってしまいました。ところが十数年前、生命保険各社は相次いで、一時払い商品を対象に「予定利率」を引き上げたことがありました。

そのとき登場した一時払い養老保険を見てみましょう。

続々登場した窓販専用の一時払い商品

2005年12月、一時払い終身保険や一時払い養老保険などの銀行窓口での販売（窓販）が解禁されました。

2006年春、日銀は量的金融緩和策を解除。これを機に一部保険会社が、20年余りの間、段階的に引き下げてきた予定利率を、一時払い商品について引き上げました。2007年以降、これに追随する会社が次々に現れました。

当時、銀行窓口専用の一時払い商品も、かなりの種類が登場しました。その中から、窓販専用の一時払い養老保険を見てみましょう。

一時払い保険料100万円・10年満期

男性・契約年齢	死亡・高度障害保険金（万円）	解約返戻金（万円）									満期保険金（万円）	満期時返還率
		1年後	2年後	3年後	4年後	5年後	6年後	7年後	8年後	9年後		
40歳	107.2	89.4	90.2	91.1	92.0	93.9	95.9	97.8	100.9	104.0	107.2	107.2%
50歳	107.1	89.3	90.2	91.0	91.9	93.8	95.8	97.7	100.8	103.9	107.1	107.1%
60歳	106.7	89.3	90.1	90.9	91.8	93.6	95.5	97.5	100.5	103.6	106.7	106.7%

女性・契約年齢	死亡・高度障害保険金（万円）	解約返戻金（万円）									満期保険金（万円）	満期時返還率
		1年後	2年後	3年後	4年後	5年後	6年後	7年後	8年後	9年後		
40歳	107.2	89.4	90.2	91.1	92.0	93.9	95.9	97.9	100.9	104.1	107.2	107.2%
50歳	107.2	89.4	90.2	91.1	92.0	93.9	95.8	97.8	100.9	104.0	107.2	107.2%
60歳	107.0	89.3	90.2	91.1	91.9	93.8	95.7	97.7	100.8	103.9	107.0	107.0%

※予定利率は毎日改定。表は1.2%の場合。

この商品では、市場金利に応じて契約時に適用する予定利率を毎月設定、一方、契約後の予定利率は保険期間を通じて一定とされているため、金利上昇局面で契約すると、オトクということになります。しかしその後の低金利等の影響で、販売は伸び悩んでいるようです。

●一時払い終身保険が多数

　一時払い養老保険の保険料は高額とならざるを得ず、一時払い商品では現在、一時払い終身保険が主流といえます。

【一時払い保険料1,000万円、60歳男性のケース】

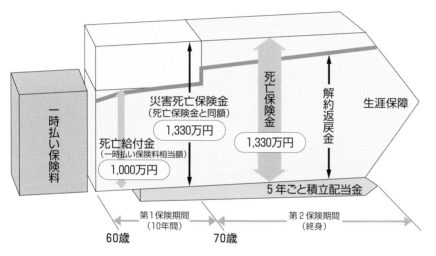

E社

　この例では、契約時から10年間の死亡保障は払込保険料相当額で、10年経過後は死亡保障が増額します。解約返戻金は、第1保険期間は一時払い保険料相当額と同額で、第2保険期間開始日以後は増額するものです。

One Point　保険の「窓販」全面解禁

　保険商品の銀行窓口販売が、2007年12月に全面解禁されました。生命保険各社では、窓販専用の商品開発や、子会社の設立など動きが活発になっています。
　生命保険の窓販の動きには注目しておきましょう。

1 終身医療保険

　現在、定期付終身保険にかわり、医療保険が生命保険の主役の座につきつつあります。生命保険会社や損害保険会社は次々に新商品を開発、医療保険は百花繚乱の様相です。このような中で、ひときわ目立つのが終身医療保険です。特徴的なものを見ていくことにしましょう。

保障は一生涯、保険料も生涯同額

　終身保険では、保障は生涯続き、契約時と同額の保険料を規定の期間（60歳までなど）払い込みます。

　このしくみは終身医療保険でも同様で、終身医療保険の場合は終身払い込みが一般的です。

　誰でも、健康に多少の不安があるもの。そこで、さまざまな終身医療保険が誕生しました。

　2017年改定で比較的シンプルな商品例の保険料を見てみましょう。

```
保険料払込期間：終身
保険料払方タイプ：定額
入院給付金支払限度：60日
入院給付金日額：5,000円
三大疾病保険料払込免除特約なし
口座振替月払
```

		改定前	改定後	増減率(%)			改定前	改定後	増減率(%)
男性	20歳	1,215円	1,145円	▲ 5.8	女性	20歳	1,320円	1,240円	▲ 0.1
	30歳	1,510円	1,425円	▲ 0.1		30歳	1,560円	1,420円	▲ 0.1
	40歳	2,005円	1,880円	▲ 0.1		40歳	1,875円	1,695円	▲ 0.1
	50歳	3,015円	2,825円	▲ 0.1		50歳	2,675円	2,490円	▲ 0.1
	60歳	4,485円	4,360円	▲ 0.0		60歳	3,850円	3,715円	▲ 0.0

これには、入院一時金特約、総合先進医療特約、三大疾病保険料払込免除特約、三大疾病一時金特約などの特約付加が可能です。また、治療費以外の不安や悩みをサポートするサービスを付加することもできます。

入院給付金の支給期間

　入院給付金の支給期間が長いものは、当然、保険料も割高です。年齢階級別の平均在院日数（厚生労働省・令和2年患者調査）によると、平均在院日数は短縮傾向にあり、総数で32.3日となっています。入院給付金選びの参考になるのではないでしょうか。

　また、入院患者総数の74.7％を65歳以上が占め、40歳未満は7.2％にとどまっています（同上）。このような統計も参考に、自分に合ったものを選択するようにしたいものです。

施設の種類別にみた退院患者の平均在院日数の年次推移

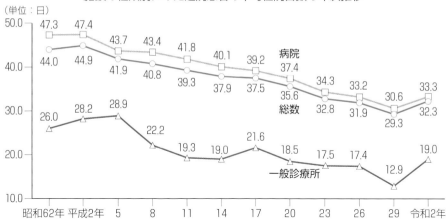

注1：各年9月1日〜30日に退院した者を対象としたものである。
注2：平成23年の数値は、宮城県の石巻医療圏、気仙沼医療圏および福島県を除いたもの。
注3：令和2年調査の退院患者の平均在院日数には注意を要する。詳細は「令和2年患者調査」の「8　利用上の注意」（7）を参照のこと。

（厚生労働省「令和2年患者調査」より）

One Point　終身医療保険の死亡保障

　終身医療保険には、死亡保障があるタイプとないタイプがあります。保険料を比較すると、死亡保障があるタイプの方が割高です。そこで、終身の医療保障だけを希望する場合には、死亡保障のないタイプを選択するとよいでしょう。

2 中高年のための生命保険

　生命保険への加入は、世帯主の死亡保障が目的となることが多く、中高年向けの性格が高いものです。最近では医療保障でも、中高年向けの商品が相次いで発売されています。

　特徴的な商品を見ていきましょう。

無選択型の保険

　中高年になると、何らかの病気をかかえがち。すると、生命保険への加入の際、医師による診査や告知書による告知の内容によっては、契約ができないこともあります。

　そこで、このような人を対象に、"誰でも入れる"などのキャッチコピーで販売されている保険商品があります。

　これらの保険は、無選択型、引受基準緩和型（限定告知型）というタイプです。この特長について見てみましょう。

　無選択型は、医師による診査や告知書による告知が不要（無審査・無告知）で、過去の病歴などで生命保険への加入が不可能となった人を対象としています。一方、一般の保険と比べ、給付条件が厳しく、保険料もかなり割高。割高でも、生命保険に入りたいという人向きといえます。

　下表は、女性専用プランの一部です。

	10,000円コース	7,000円コース	5,000円コース	3,000円コース
女性特有の病気で入院 入院1日目から補償	1日につき 5,000円	1日につき 3,000円	1日につき 2,000円	1日につき 2,000円
女性特有の手術等を受けた場合	10万円	7万円	5万円	3万円

引受基準緩和型（限定告知型）の保険

"誰でも入れる"としているものの大部分は、引受基準緩和型の保険です。

引受基準緩和型の保険は、契約時に医師による診査はなく、通常の医療保険に比べて告知項目が数項目と少なく、病気で通院中の人も契約できます。また、過去に治療歴のある病気による入院や手術も対象となりますが、契約後1年間は給付金額が半額になるなどの制限があります。

告知項目は会社により異なりますが、主なものは次のようなものです。これに該当しなければ契約可能です。

①過去2年以内に、病気やケガで入院をしたことがある
②過去5年以内に、がんで入院手術したことがある
③今後3か月以内に入院・手術の予定がある
④現在、がん・肝硬変と診断されたことがある
　など

糖尿病治療中の人でも、加入できる商品を見てみましょう。

[保障内容の一部]

入院給付金	5,000円×入院日数（1入院60日限度）
手術給付金	入院中の手術：50,000円 入院中でない手術：25,000円 歯周組織の手術：25,000円×2回

[保険料月額]

契約年齢	男性	女性
45歳	3,074円	2,337円
50歳	3,648円	2,971円
55歳	4,633円	3,523円

One Point　新たな活路？

生命保険各社は、中高年層に焦点を絞った新商品の開発に力を注いでいる感があります。背景には30歳代前後を対象としている従来の主力商品の頭打ち傾向があります。従来型保険でカバーしきれない中高年層向け商品を充実させることで、活路を切り開く狙いもあるのでしょう。今後よりいっそうの商品開発が期待されます。

③ 主契約と特約

生命保険は、主契約（定期保険、終身保険、養老保険など）に特約が組み合わされた構成となっています。この特約が多種多様なため、契約内容の理解を難しいものにしています。

ここでは、組み合わせのしくみと特約の種類についてみてみましょう。

生命保険＝主契約＋特約

生命保険は、主契約と特約の組み合わせ。主契約だけで契約できますが、特約のみでの契約はできず、主契約に付加します。また、主契約が消滅すると、特約も消滅します。

特約
定期保険特約、医療関係の特約、その他の特約

主契約
定期保険・終身保険・利率変動型積立終身保険・養老保険・医療保険など

この組み合わせを終身保険と医療保険で比較すると、終身保険では、主契約の終身保険に医療保障を充実するため、医療関係の特約を付加しています。

一方、医療保険では、主契約の医療保険に、死亡保障を充実するため、定期保険特約を付加しています。

終身保険の場合
特約 医療関係の特約 医療保障を付加
主契約 終身保険

医療保険の場合
特約 定期保険特約 死亡保障を充実
主契約 医療保険

多種多様な特約

特約は多種多様ですが、機能によって下表のように分類されることがあり

ます。また、会社により名称や保障内容は異なります。

　特約の保険期間は、通常、主契約の保険期間や保険料払込期間と同じです。この保険料払込満了後も特約を継続する場合、特約保険料の一括払込みが必要です。

一定期間の死亡保障を厚くする特約
　・定期保険特約
　・収入保障特約（生活保障特約）
　・特定疾病（三大疾病）保障特約

不慮の事故による死亡・障害状態に備える特約
　・災害割増特約
　・傷害特約

入院、手術、通院など病気、ケガの治療全般に備える特約
　・疾病入院特約
　・災害入院特約
　・長期入院特約
　・通院特約

特定の疾病や損傷の治療に備える特約
　・成人病（生活習慣病）入院特約
　・女性疾病入院特約
　・特定疾病（三大疾病）保障特約
　・ガン入院特約
　・特定損傷特約

その他の特約
　・介護特約
　・リビング・ニーズ特約

入院特約　　A社

入院給付金日額5,000円の場合

●病気またはケガで1日以上入院したとき

入院給付金
入院給付金日額×入院日数

入院1日につき
5,000円

悪性新生物（がん）・
上皮内新生物による入院時支払日数
無制限

●保険料払込期間満了後に死亡したとき
（保険料払込期間が有期の場合のみ）

死亡給付金
入院給付金日額×10

50,000円

One Point　　**特約の3タイプ**

　特約は、その保障する範囲により下のようなものがあります。
①本人型
②家族型（妻と子に対する給付割合は本人の6割程度に減額）
　　「本人・妻子型」　　「本人・妻型」
　　「本人・こども型（こどもは20歳未満に限られます）」
③こども向け（こどもだけを対象としたものです）

④ 医療関係の特約

健康保険の本人負担分は医療費の３割ですが、長期の入院や高度先進治療を受けたときなどは、自己負担額は家計に重くのしかかります。そこで、こういうときのための特約があります。どのようなものがあるのでしょうか。

病気で入院したときのためには

医療関係の特約は多数ありますが、入院や手術費用の保障が基本。これらについて、見てみましょう。

●病気による入院には「入院給付金」

これは、病気やケガで入院した際に支払われるのが、入院給付金。保険会社により名称や保障内容はさまざまです。大事な点は、入院給付金日額や支払限度日数などです。

入院給付金日額	入院した際に受け取れる保険金１日分の額。 1,000円、3,000円、5,000円、10,000円など
免責期間	免責期間とは、その期間入院しても保険金は支払われない期間。 免責期間を設けず、日帰り入院を対象とするものもある。
支払限度日数	１入院の支払限度日数と通算支払限度日数の２つがある。 ・１入院の支払限度日数には、60日、120日、180日、360日、730日、1000日、1095日など ・通算支払限度日数には、700日、730日、1000日、1095日など

入院給付金日額が高額、支払限度日数が長期のものは、保険料も高額に。
なお、生命保険加入者の疾病入院給付金日額の平均は全体で9,900円、男性10,800円、女性9,200円となっている（「平成28年度生活保障に関する調査（生命保険文化センター）」）

●手術をした際には「手術給付金」

手術給付金は、手術の種類に応じて、入院給付金日額の10倍、20倍相当額などが支払われます。これには２つのタイプがあります。

支払い対象	支払い額
88種類の手術	88種類の手術に応じて、入院給付金日額の10倍（虫垂切除術など）、同20倍（乳房切断術など）、同40倍（胃切除術など）
公的医療保険の対象となっている手術	１泊２日以上の入院中の手術　→入院給付金日額×20倍 外来または日帰り入院中の手術→入院給付金日額×５倍

これらを１つの特約としているもの、複数になっているものさまざまです。

医療保険（主契約）にも医療関係特約が付加

主契約が医療保険であっても、医療関係の特約などが多数付加され、販売されます。ここでは、死亡保障をなくし、入院や手術など医療保障が手厚くされたものを見てみます。

〔５年ごと利差配当タイプ〕

入院したとき		
■不慮の事故による傷害または疾病で１日 以上入院したとき 　　　　　　　　　　100,000円	入院保障 充実特約
■不慮の事故による傷害または疾病で１日 以上入院したとき 　１～180日目まで　10,000円×入院日数分 　※がん入院の場合は日数無制限	主契約
手術等を受けたとき		
■公的医療保険対象の所定の手術を受けた とき 　入院中の手術（がん以外）　　　10万円 　（開頭・開胸・開腹背の場合は、　20万円） 　入院中の手術（がん）　　　　　20万円 　（開頭・開胸・開腹背の場合は、　40万円） 　外来手術（入院を伴わない手術）　5万円 　放射線治療　　　　　　　　　　10万円	主契約
骨折・顔のケガをしたとき		
■傷害または疾病による骨折に対して医師に よる治療を受けたとき、または不慮の事故による傷 害で腱・靭帯・半月板の断裂に対して医師によ る所定の治療を受けたとき 　　　　　　　　　　　　　　5万円	傷害 損傷特約
■不慮の事故による傷害で顔・頭・首に損傷を受 け所定の顔面損傷状態になったとき 　　　　　　　　　　　　　　50万円	
先進医療による療養を受けたとき		
■先進医療による療養を受けたとき 　技術料と同額　　通算　2000万円 　　　　　＋ 　技術料の10％相当額 　　1回の療養につき最高　50万円	新先進 医療特約

契約年齢	男性	女性
20歳	6,720円	6,855円
30歳	8,395円	8,265円
40歳	11,040円	10,165円
50歳	15,120円	13,370円
60歳	20,890円	18,450円

＊口座振替月払い

　特約は、本当に必要なものだけに絞れば、保険料を抑えることができます。契約の際には注意したいものです。

終身タイプ（終身払い）

主契約・特約	一生涯
←―――――― 保険料払込期間 ――――――→	
契約	一生涯

通院特約等で大量不払い

　通院給付金など特約保険金は、主契約（死亡保険金など）とは別に請求しなければ支払われません。2007年4月に発覚した不払いは、通院特約と三大疾病特約の請求もれが圧倒的。また、診断書記載の手術名のみで手術給付金の倍率を低く査定した事例も見られました。診断書に「腰部椎間板ヘルニア切除」とあり、「ヘルニア根本手術（10倍）」に該当と判断されていましたが、本来は、病名・部位（椎間板）との関係から「脊髄硬膜内外観血手術（20倍）」で支払うべきものでした。

⑤ 入院費用はどのくらい

けがや病気でも、数日程度の通院ならば不幸中の幸い。困るのは、ガン、脳血管疾患、心疾患などでの長期間の入院。30日などと入院が長引くと、入院費用もかさみ、収入も減ります。ここでは、入院費用について見てみましょう。

医療費のしくみ

ケガや病気の際、病気で治療を受け窓口に支払う金額は、医療費の総額ではなくその一部。医療費の大半は、健康保険や国民健康保険など医療保険が負担します。

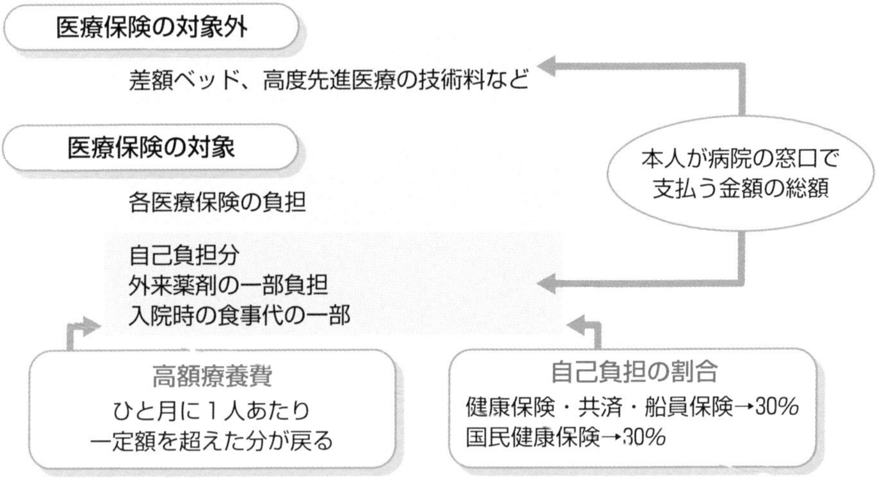

医療保険の対象外

差額ベッド、高度先進医療の技術料など

医療保険の対象

各医療保険の負担

自己負担分
外来薬剤の一部負担
入院時の食事代の一部

本人が病院の窓口で
支払う金額の総額

高額療養費
ひと月に1人あたり
一定額を超えた分が戻る

自己負担の割合
健康保険・共済・船員保険→30％
国民健康保険→30％

本人が負担するものは、①自己負担分、外来薬剤の一部負担、入院時の食事代の一部、②医療保険の対象とならない差額ベッド代など、③衣類、電話代などの雑費の総額です。なお、ひと月の自己負担分の合計額が一定額を超えた場合などに、その超えた額が戻ってくるという制度（高額療養費という）もあります。

これだけかかる入院費用

入院日数や入院費用は、病気やケガの種類、年齢などにより大きく異なってきます。一体、どの程度になるのか、見てみることにしましょう。まず、病院の退院患者平均在院日数は全年齢階級の平均で32.3日、35〜64歳は24.4日、65歳以上は40.3日となっています。

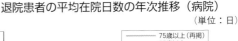

退院患者の平均在院日数の年次推移（病院）
（単位：日）

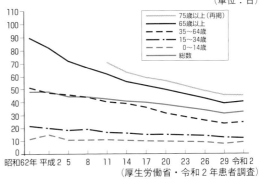

凡例：
- 75歳以上（再掲）
- 65歳以上
- 35〜64歳
- 15〜34歳
- 0〜14歳
- 総数

（厚生労働省・令和2年患者調査）

次に、入院時の自己負担費用の平均は19.8万円、自己負担費用の総額を入院日数で除した1日あたりの自己負担費用の平均は20,700円となっています。一方、疾病入院給付金日額の平均を見ると、男性で9,900円、女性で8,300円となっています。

直近の入院時の自己負担費用
［過去5年間に入院し、自己負担費用を支払った人］

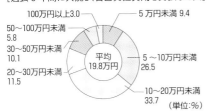

- 100万円以上3.0
- 50〜100万円未満 5.8
- 30〜50万円未満 10.1
- 20〜30万円未満 11.5
- 平均 19.8万円
- 5万円未満 9.4
- 5〜10万円未満 26.5
- 10〜20万円未満 33.7

（単位:%）

疾病入院給付金日額（性別）
［疾病入院給付金が支払われる生命保険・個人年金保険加入者］

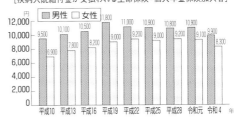

凡例：■男性　□女性

年	男性	女性
平成10	9,500	6,900
平成13	10,100	7,800
平成16	10,500	8,200
平成19	11,000	9,000
平成22	10,900	9,200
平成25	10,800	9,000
平成28	10,900	9,200
令和元	9,100	9,900
令和4	1,800	8,300

（生命保険文化センター・令和4年度生活保障に関する調査）

これらの統計も、生命保険選びの参考の一つに加えておいてください。

One Point　土台は公的医療保険

医療保障の土台は、健康保険などの公的医療保険です。病気やケガで入院し、労務不能となり賃金支払がない場合、健康保険から1日につき標準報酬日額の3分の2が支給されます。

$$標準報酬日額 = \left[\begin{array}{l} 支給開始日^{※}以前の継続した12か月間の \\ 各月の標準報酬月額を平均した額 \end{array} \right] \div 30日 \times \frac{2}{3}$$

※支給開始日とは、いちばん初めに給付が支給された日のこと。

6 医療保険の最前線

　医療保険は、個人保険の新規契約件数の3分の1超を占める人気商品。各社での競争も熾烈。消費者に目立つよう、新たな装いのものが次々と市場に登場します。

　ここでは、こうしたものの中から特徴的なものを見てみましょう。

患者申出療養制度に対応

　患者申出療養制度は、「未承認薬等を迅速に保険外併用療養として使用したい」という困難な病気と闘う患者の思いに応えるため、患者からの申し出を起点とする新たなしくみです。これに対応した医療保険が、2016年4月に販売開始されました。

　この制度では、未承認薬等（保険診療の対象外）の金額など「患者申出療養に係る費用」は全額自己負担になります。

> 主契約　終身医療保険
> 　入院給付金日額：5,000円　保険期間・保険料払込期間：終身
> 特約　先進医療給付特約
> 主契約　重症化予防支援保険
> 　重症化予防見舞金額：50,000円　保険期間・保険料払込期間：終身
> 主契約　患者申出療養給付保険
> 　保険期間・保険料払込期間：5年

　この商品は、患者申出療養として実施された療養を受けた場合、その技術料と同額の給付金が支払われ（1回1,000万円限度、通算2,000万円限度）、健康状態にかかわらず、90歳まで自動更新されます。

　なお、これは主契約ですが、他の医療保険等と同時加入を前提とし、単体での契約はできません。

	40歳		45歳		50歳		55歳		60歳	
	男性	女性	男性	女性	男性	女性	男性	女性	男性	女性
終身医療保険手術給付特約付	2,345	2,115	2,775	2,450	3,295	2,885	3,960	3,420	4,785	4,085
先進医療給付特約	113	113	113	113	113	113	113	113	113	113
重症化予防支援保険	1,780	1,570	2,105	1,790	2,475	2,030	2,920	2,305	3,440	2,635
患者申出療養給付保険	400	400	400	400	400	400	400	400	400	400
総合計	4,638	4,198	5,393	4,753	6,283	5,428	7,393	6,238	8,738	7,233

＊口座振替月払（単位：円）

患者申出療養制度とは

　患者申出療養制度とは、「未承認薬等を迅速に保険外併用療養として使用したいという困難な病気と闘う患者の思いに応えるため、患者からの申出を起点とする新たなしくみ（厚労省）」として、2016年4月に創設されました。

[患者申出療養制度の申出を行う場合の例]

・治験、先進医療、患者申出療養のいずれも実施していない医療を実施してほしい場合
・先進医療で実施しているが、実施できる患者の基準に外れてしまった場合
・先進医療で実施しているが、自分の身近な保険医療機関で行われていない場合
・すでに実施されている患者申出療養が自分の身近な保険医療機関で行われていない場合

　この療養を受けた場合、未承認薬等（保険診療対象外）の費用は、全額患者負担となります。

未承認薬等（保険診療の対象外） ⇒ 患者全額負担

通常の治療と共通する部分（診察・検査・投薬・入院料等） ⇒ 一般の保険診療と同様　患者一部負担

　国立がん研究センターによると、同制度の対象になると予想される抗がん剤の大半が、1か月あたり100万円超に。年間では1,200万円を超えます。

　「2人に1人がガンになる」といわれる時代ですが、この金額を負担できる人はまれでしょう。

　この点こそ、患者申出療養制度に対応した医療保険登場の理由といえます。生保各社の今後の動向に注意しましょう。

One Point　医療関係特約の基本

　入院への備えなら、病気を選ばない入院医療特約や災害入院特約が基本。その上で、不足感があれば他を追加するというのが無難でしょう。

公的医療保険の改正

公的医療保険では、医療費の3割を自己負担しています。ただし、この自己負担が一定額を超えると高額療養費として支給されます。

この高額療養費の仕組みが、2015年1月から改正されました。改正のあらましを見てみましょう。

自己負担限度額

高額療養費とは、1か月に医療機関等に支払った自己負担の総額が自己負担限度額を超えたときに、その超えた額が請求により還付される制度です。

2015年1月から、この自己負担限度額が引き上げられました（70歳未満）。

《70歳未満》

所得区分	改正後（2015年1月から）
標準報酬月額83万円以上	252,600円＋（医療費－842,000円）×1％ 【140,100円】
標準報酬月額53万円〜79万円	167,400円＋（医療費－558,000円）×1％ 【93,000円】
標準報酬月額28万円〜50万円	80,100円＋（医療費－267,000円）×1％ 【44,400円】
標準報酬月額26万円以下	57,600円 【44,400円】
低所得者 （住民税非課税）	35,400円 【24,600円】

70歳以上の自己負担限度額の改正は、2段階で実施されました。

改正の第1段階（2017年8月〜2018年7月）では、従前の枠組みを維持したまま限度額を引き上げ。一般区分の限度額（世帯）については多数回該当を設定しました。

改正の第2段階（2018年8月〜）では、現役並み所得区分を3分割して、限度額を引き上げました。

また、一般区分については外来上限額を引き上げ、年間14.4万円の上限（外来年間合算）を設定しました。

《70歳以上》　第1段階

区分	外来（個人）	限度額（世帯※1）
現役並み（年収約370万円以上） 健保　標報28万円以上 国保・後期　課税所得145万円以上	57,600円	80,100円＋1％ 〈44,400円〉
一般（年収156万～370万円） 健保　標報26万円以下 国保・後期　課税所得145万円未満※2	14,000円 （年14.4万円 ※3）	57,600円 〈44,400円〉
住民税非課税	8,000円	24,600円
住民税非課税 （所得が一定以下）	8,000円	15,000円

第2段階

区分（年収）	外来（個人）	限度額（世帯※1）
年収約1160万円～ 標報83万円以上　課税所得690万円以上	252,600円＋1％ 〈140,100円〉	
年収770万～約1160万円 標報53～79万円　課税所得380万円以上	167,400円＋1％ 〈93,000円〉	
年収370万～約770万円 標報28～50万円　課税所得145万円以上	80,100円＋1％ 〈44,400円〉	
一般	18,000円 （年14.4万円 ※3）	57,600円 〈44,400円〉
住民税非課税	8,000円	24,600円
住民税非課税 （所得が一定以下）	8,000円	15,000円

※1　同じ世帯で同じ保険者に属する者
※2　収入の合計額が520万円未満（1人世帯の場合は383万円未満）の場合も含む。
※3　1年間のうち一般区分または住民税非課税区分であった月の外来の自己負担の合計額について、14.4万円の上限を設ける。
〈　〉内の金額は、過去12か月に3回以上高額療養費の支給を受けた場合の4回目以降の限度額（多数回該当）。年収は東京都特別区在住の単身者の例。

●高額介護療養制度の改正

　高額介護療養制度とは、医療保険制度の加入世帯に介護保険の受給者がいる場合、被保険者からの申請に基づき、高額療養費の算定対象となる世帯単位で、医療保険と介護保険の1年間の自己負担を合算した額が限度額を超えた場合に支給されるものです。改正により、現役並み所得者については、現役世代と同様に3区分にした上で、限度額が引き上げられました。

	区分	70歳以上（注2）
現役並み	年収約1160万円～ 標報83万円以上　課税所得690万円以上	212万円
	年収770万～1160万円 標報53～79万円　課税所得380万円以上	141万円
	年収370万～770万円 標報28～50万円　課税所得145万円以上	67万円
	一般（年収156～370万円） 健保　標報26万円以下 国保・後期　課税所得145万円未満（注1）	56万円
	市町村民税世帯非課税	31万円
	市町村民税世帯非課税 （所得が一定以下）	19万円（注3）

（注1）　収入の合計額が520万円未満（1人世帯の場合は383万円未満）の場合及び旧ただし書所得の合計額が210万円以下の場合も含む。
（注2）　対象世帯に70～74歳と70歳未満が混在する場合、まず70～74歳の自己負担合算額に限度額を適用した後、残る負担額と70歳未満の自己負担合算額を合わせた額に限度額を適用する。
（注3）　介護サービス利用者が世帯内に複数いる場合は31万円。

One Point　限度額適用認定証の活用

　高額療養費は、医療機関に医療費の全額を支払った後、申請により支給されるため、一時的に多額の費用負担が生じますが、医療保険から「限度額適用認定証」の交付を受けて医療機関の窓口に提示すれば、月の支払額が自己負担限度額までとなります。

⑧ 介護保険

介護保険は2000年4月にスタート。居宅サービスを中心に利用が拡大、老後生活を支える制度として定着してきました。これに伴い、介護保険の総費用も増大。「制度の持続可能性」が課題とされ、予防重視型システムへ転換、地域包括ケアシステムの構築がテーマとされました。

介護保険のあらまし

介護保険は各市町村が運営し、必要な費用は保険料、公費、1割の利用料で賄われます。保険料を負担するのは40歳以上の全国民で、介護サービスを利用できるのは65歳以上の第1号被保険者または40歳から64歳までの第2被保険者のうちの要介護者および要支援者です。介護保険のあらましは、次のようになっています。

介護保険のあらまし

制度の開始	●介護保険制度のスタートは、2000年4月から。
運営主体	●制度の運営主体（保険者）は、市町村・東京23区です。

	【第1号被保険者】	【第2号被保険者】
加入者	●65歳以上の方	●40歳から64歳までの医療保険に加入している方
	【介護保険に加入している方で】	
サービスの利用	1）寝たきりや認知症などで常に介護を必要とする状態（要介護状態）の方 2）常時の介護までは必要ないが、家事や身じたく等、日常生活に支援が必要な状態（要支援状態）の方	○初老期認知症、脳血管疾患など老化が原因とされる16種類の病気（特定疾病）により、要介護状態や要支援状態となった方
保険料の支払い	●原則として老齢・退職年金からの天引き	●加入している医療保険の保険料に上乗せして一括して納める
利用料の負担	●介護保険からサービスを受けたときは、原則としてかかった費用の1割から3割を負担します。また、施設に入った場合は、費用負担のほかに、居住費と食費を負担します（低所得者は低額に設定）。	

介護保険サービス

　介護保険のサービスを利用する場合には、まず市町村に申請します。申請後に調査員が自宅等を訪問し、本人と家族などから聞き取り調査（認定調査）を行います。認定調査結果をコンピュータ入力して一次判定が行われます。

　その後、一次判定の結果と認定調査における特記事項、主治医の意見書をもとに介護認定審査会で審査し、要介護状態区分の判定を行います。

$$\boxed{一次判定・特記事項 \ + \ 主治医の意見書 \ \Rightarrow \ 介護認定審査会}$$

　認定結果は、申請から原則として30日以内に通知され、要支援（1・2）、要介護（1〜5）と認定されれば、介護保険のサービスを利用できます。介護サービスを利用するときには、費用の1割をサービス事業者に支払います。支給限度額（1単位＝10円）を超えた部分の費用は、全額自己負担になります。

要介護の区分	利用できる介護サービス	1か月の支給限度額基準額(単位)
非該当(自立)	地域支援事業の介護予防サービス	
要支援1	介護予防サービス	5,032
要支援2		10,531
要介護1	介護サービス	16,765
要介護2		19,705
要介護3		27,048
要介護4		30,938
要介護5		36,217

介護保険サービス（一部）		
区分	サービス種類	
居宅サービス	訪問サービス	訪問介護 訪問入浴介護など
	通所サービス	通所介護（デイサービス）など
	短期入所サービス（ショートステイ）	短期入所生活介護 短期入所療養介護など
施設サービス ※「要介護」の人のみ利用可能	・介護老人福祉施設(特別養護老人ホーム) ・介護老人保健施設など	

　要介護認定により「要介護」と認定された人は、必要に応じて、これらすべてのサービスを利用することができます。「要支援」と認定された人は、居宅サービスおよび一部の地域密着型サービスを利用することができます。

　「非該当（自立）」と認定された人や要介護認定を受けていない人は、これらの介護保険サービスを利用することはできませんが、市町村が行う地域支援事業による介護予防サービスが提供されます。

One Point　ケアプランの作成

　介護保険の各種サービスを利用するには、要介護度に応じたケアプランを作成しなければなりません。このケアプラン作成のためには、ケアマネジャー（介護支援専門員）などと契約することが必要となります。

① 先進医療のための保険

　けがや病気の治療で先進医療や臓器移植が行われるのは、決して珍しいことではなくなってきました。

　そこで、このような場合のための保険が登場しています。その特長を見ていきましょう。

先進医療の費用は患者全額負担

　先進医療とは、「厚生労働大臣が定める高度の医療技術を用いた療養その他の療養」（2024年4月現在80種類）で、将来的な保険適用のための評価を行うものとして、保険診療との併用を認めたもの。先進医療は、医療技術ごとに一定基準に該当する医療機関で行われます。

　先進医療を受けた場合、「先進医療に係る費用」は患者が全額負担します。

総医療費が100万円、うち先進医療に係る費用が20万円だったケース
1．先進医療に係る費用20万円は、全額を患者が負担します。
2．通常の治療と共通する部分（診察、検査、投薬、入院料*）は、保険として給付される部分になります。

　保険給付分* ＝80万円（10割）｛ 7割にあたる56万円が各健康保険制度から給付。
　　　　　　　　　　　　　　　　 3割にあたる24万円が患者の一部負担金。

〈上記に係る例図〉

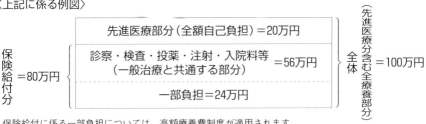

保険給付に係る一部負担については、高額療養費制度が適用されます。

（厚生労働省資料）

　先進医療のための保険は、この自己負担分を保障するものです。なお、白内障の治療で行われる多焦点眼内レンズは、2020年4月に先進医療から削除

されました。

技術名	適応症	平均入院期間（日）	年間実施件数（件）	1件当たりの先進医療費用（円）
陽子線治療	頭頸部腫瘍など	14.9	1,293	2,692,988
重粒子線治療	頭頸部腫瘍など	5.3	562	3,162,781
細胞診検体を用いた遺伝子検査	肺がん	6.5	493	78,071

＊先進医療実績報告（令和4年度）

先進医療と臓器移植に対応

　保険各社から先進医療特約が提供されていますが、ここでは、特約ではない先進医療と臓器移植に対応したものを見てみます。

　この保険は、病気や不慮の事故によるケガの治療を目的として先進医療による療養を受けた場合、所定の臓器移植術を受けた場合に給付が行われます。

支払事由	給付金の種類	支払額	限度
先進医療による治療を受けたとき	先進医療給付金	先進医療の技術料相当額	更新前の保険期間を通じて2,000万円
先進医療給付金が支払われる療養を受けたとき	先進医療一時金	療養1回につき5万円	複数回にわたって一連の療養を受けた場合は、1回の療養とみなす
所定の移植術を受けたとき	臓器移植医療給付金	1,000万円	更新前後の保険期間を通じて1回

保険期間・保険料払込期間	1年
保険料払込方法	クレジットカード・月払
保険料	年齢・性別にかかわらず500円

＊保険期間満了後は、健康状態にかかわらず、自動更新

　先進医療と臓器移植だけの保障を求める人向けのものと言えるでしょう。

臓器移植

　臓器移植とは、重い病気や事故などにより臓器の機能が低下した人に、他者の健康な臓器と取り替えて機能を回復させる医療。第三者の善意による臓器提供が不可欠です。日本で臓器提供を待っている人は、およそ14,000人。それに対し、移植を受けられる人は年間およそ400人です（「臓器移植ネットワーク」）。

2 生前給付型保険
ガン保険など

　生命保険は、被保険者が死亡したときに保険金を支払うのが基本。ところが、生前給付型保険は、特定の疾病にかかったときなどに生存している被保険者本人に給付金を支払うもので、重度疾病タイプと末期疾病タイプの２つのタイプがあります。

重度疾病タイプ

　このタイプは特定疾病保障保険とか３大疾病保障保険といわれるものです。被保険者が、ガン・急性心筋梗塞・脳卒中になったときに死亡保険金と同額の給付金が生存している被保険者に支払われ、この時点で契約が消滅します。

●保険金の給付事由

　次の場合に、給付金が支払われます。

疾病の種類	給　付　事　由
悪性新生物 （ガン）	被保険者が責任開始時以降に初めて悪性新生物にかかったと医師によって診断、確定されたとき
急性心筋梗塞	被保険者が責任開始時以降に急性心筋梗塞を発病し、その疾病により、初めて医師の診療を受けた日から60日以上、労働の制限を必要とする状態が継続したと医師によって診断されたとき
脳卒中	被保険者が責任開始時以降に脳卒中を発病し、その疾病により、初めて医師の診療を受けた日から60日以上、言語障害、運動失調、麻痺などの複雑な神経学的後遺症が継続したと医師によって診断されたとき

※入院の有無にかかわらず、給付金は支払われます。

ガンの場合には、「ガンにかかった」ということで保険金は支払われます。しかし、急性心筋梗塞や脳卒中の場合には、「急性心筋梗塞になった」「脳卒中になった」ということだけでは、保険金は支払われません。左ページ表のように「60日以上……と医師によって診断された」という条件を満たさなければならず、保険金支払の条件がガンよりも厳しくなっているのです。

ガン保険の保障例	給付金の種類
ガン（悪性新生物）と診断されたとき、何回でも	悪性新生物診断給付金
ガンにより余命 6 ヵ月以内と判断されたとき ［ガンで死亡・高度障害状態のとき］	ガン・ターミナルケア保険金 ［ガン死亡・ガン高度障害保険金］
死亡したとき	死亡保険金

また、この保険では、ガンの本人告知が行われていない場合や、寝たきりにより本人が請求できない場合などを考慮して、指定代理請求制度が設けられています。この制度により、被保険者の代理人としてあらかじめ指定された指定代理請求人が本人に代って給付金を請求することができます。

末期疾病タイプ

末期疾病タイプ（リビングニーズ特約）とは、疾病原因のいかんにかかわらず、被保険者の余命が 6 か月以内であると診断されたときに、死亡保険金の全部または一部を被保険者本人に支払うものです。

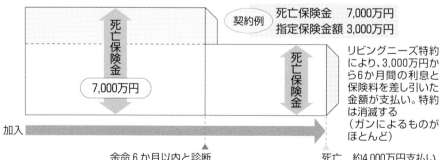

One Point　給付金は非課税扱いに

リビングニーズ特約に基づく生前給付金は非課税扱いとなりますが、その後被保険者が死亡した時に預金などで残っていると相続税の課税対象となることもあります。

3 団体信用生命保険（団信）

住宅ローンでは通例、返済期間中にローンの利用者（債務者）が死亡すると、以後の債務残高の支払いが不要になります。これは死亡によって、団体信用生命保険（団信）から金融機関に、債務残高相当額の保険金が支払われるからです。

団体信用生命保険のしくみ

団体信用生命保険は、金融機関（債権者）を保険契約者・保険金受取人として、住宅ローン利用者（債務者）を被保険者とする保険契約です。住宅ローンの融資金利に保険料相当分の金利を上乗せして住宅ローンの返済と一緒に保険料相当分を支払っていくやり方があります。

死亡・高度障害
債務者
ローンの返済ができなくなったら…
住宅ローン利用者
保険料
銀行（債権者）
債務者に代わって支払い
保険会社

この保険では、住宅ローンの利用者が死亡または所定の高度障害状態となった際、保険会社から債務残高相当の保険金が金融機関に支払われ、受け取った金融機関は、それを残った債務に充当します。

つまり、団体信用生命保険は、利用者死亡の際、家族にローンを負担させないしくみと言えます。

住宅ローンの多くは、この保険加入を義務付けていますが、任意の場合もあるので注意してください。

団体信用生命保険の特約

住宅ローンの団体信用生命保険は、利用者の死亡または所定の高度障害状態を対象としたものですが、特約で範囲を広げたものもいろいろ出されています。

●**団体信用生命保険の主な特約**

- ● 3 大疾病
  ガン、急性心筋梗塞・脳卒中
- ● 7 大疾病
  3 大疾病＋高血圧、糖尿病、慢性腎不全、肝硬変
- ●就業不能保障
  所定の就業不能状態が一定期間継続した場合

団体信用生命保険の例：住宅金融支援機構の場合

　住宅金融支援機構の団体信用生命保険には、「新機構団信」と「新 3 大疾病付機構団信」があります。

　「新機構団信」は住宅金融支援機構の住宅ローン利用者（加入者）が死亡または所定の身体障害状態となったときに、以後の機構に対する債務の返済が不要になるものです。

　「新 3 大疾病付機構団信」は、「新機構団信」の内容に加えて、一定のガン、急性心筋梗塞、脳卒中となったときに以後の機構に対する債務の返済が不要になるものです。2022年 5 月現在、「新機構団信」付きの融資金利は、新機構団信制度に加入しない場合の融資金利＋0.2％に設定され、「新 3 大疾病付機構団信」は「新機構団信」付きの融資金利＋0.24％となっています。

　なお、「新機構団信」と「新 3 大疾病付機構団信」は加入可能年齢に違いがあり、「新機構団信」は団信の「申込書兼告知書」の記入日現在で満15歳以上満70歳未満の人、「新 3 大疾病付機構団信」は「申込書兼告知書」の記入日現在で満15歳以上満51歳未満の人です。住宅ローンを組む際は、一般的な団信に加え、 3 大疾病付などの特約を検討してみてください。

One Point　　**コロナ後、約 7 割が特約**

　生命保険会社の調査によると、最近では住宅ローン利用者の約 4 割が団信の保障に特約を付加しています。新型コロナの感染拡大後は、この割合が 7 割近くに上昇しているとの調査結果もあります。また、住宅購入後に後悔したことで最も多いのは「特約を付けておけばよかった」（ 4 割）となっています。

4 女性向けの生命保険

　生命保険の種類には女性向けというものはないのですが、女性特有の
ニーズに応じて生命保険各社から、女性向けの生命保険としてさまざま
なものが販売されています。女性向けの生命保険にはどのようなものが
あるのでしょうか。

女性向け医療保険

　女性が生命保険に加入する理由のトップは医療保障。そこで、女性向けの
生命保険の筆頭として、女性特有の病気についての保障を専門に行う女性向
け医療保険をあげることができます。

　妻の医療保障については、夫の生命保険に家族向け医療特約をつけて行う
ことが多いのですが、この場合には次のようになります。

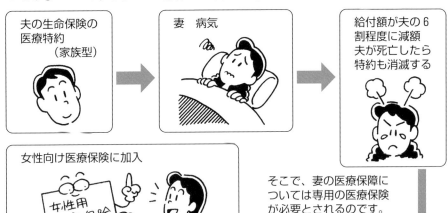

夫の生命保険の
医療特約
（家族型）

妻　病気

給付額が夫の6
割程度に減額
夫が死亡したら
特約も消滅する

女性向け医療保険に加入

女性用
生命保険

そこで、妻の医療保障に
ついては専用の医療保険
が必要とされるのです。

　女性向けの医療特約には、乳がんによる乳房切除手術、子宮摘出手術また
は卵巣摘出手術を受けたときに給付金が支払われるものがあります。さらに、
2006年4月、乳房再建手術の一部に公的医療保険が適用され、同手術を支払

対象とするものも登場しました。

	保険期間：終身 保険料払込期間：終身	30歳・女性 月払保険料（※）4,233円
給付金の支払事由と支払金額	病気・けがで入院したとき （日帰り入院から1入院120日限度。通算730日限度） 【疾病・災害入院給付金】	1日につき 5,000円
	所定の手術を受けたとき 【手術給付金】	手術の種類により 20・10・5万円
	女性特有の所定の疾病で入院したとき 【女性疾病保障特約・入院給付金】	1日につき5,000円 を主契約入院給付金に上乗せ
	乳がんで乳房を切除し、乳房再建手術を受けたとき 【女性疾病保障特約・乳房再建給付金】	1乳房につき 100万円
	5年間健康で過ごしたとき 【健康給付特約・健康給付金】	5年ごとに 5万円

※口座振替扱・クレジットカード払扱

　日本での乳房再建割合は切除者の1割程度、一方、欧米では約半数です。今後日本でも、乳房再建が普及していく可能性があります。

貯蓄性にいろいろ工夫

　最近はかなり変わりつつありますが、結婚退職して専業主婦となる女性も大勢います。当然、結婚期間中は自分自身の収入はゼロ。つまり、自由なお金はなくなります。老後は妻も公的年金を受給しますが、その額は夫よりもかなり低額。しかも、夫よりも7年ほど長い人生です。

　そこで、女性向け生命保険には、専業主婦が自由に使える資金として保険期間中に生存給付金が定期的に支払われるタイプ、5年程度の満期で死亡保障がついた貯蓄保険、老後の生活保障のため保険料払込み後に個人年金に移行できるタイプなど貯蓄性を重視した設計がされています。

One Point　医療保障の準備を重視

　生命保険文化センターの『令和4年度 生活保障に関する調査』によると、保障の準備に関して、自助努力による経済的準備を行っている人の割合は、医療保障が82.7％で最も高く、次いで死亡保障が73.1％となっています。

	医療保障	死亡保障	老後保障	介護保障
準備している人	82.7％	73.1％	66.5％	53.5％

＊生活保障に関する調査（生命保険文化センター（令和4年度））

5 こども保険
教育資金作りに、こども保険

こども保険は、こどもの教育資金・結婚資金・独立資金などを計画的に準備するとともに、親などが早い時期に死亡したときの保障も併せて行おうとするものです。実際の商品の名称はこども保険、学資保険、教育保険などさまざまです。

こども保険のしくみ

下の図は、こども保険のしくみを表したものです。

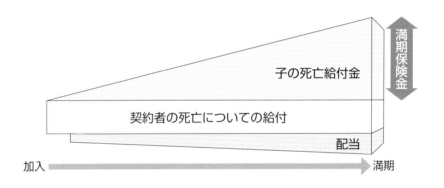

満期保険金

子の死亡給付金

契約者の死亡についての給付

配当

加入 ➡ 満期

こども保険は、こどもを被保険者とし、親などを契約者とするもので、被保険者が満期時に生存していれば満期保険金が、それ以前に死亡したときには払込保険料相当額の死亡給付金が支払われます。なお、祖父（契約者）と孫（被保険者）でも利用できます。

また、契約者が保険期間中に死亡したときは、それ以降の保険料の払い込みは免除されますが、契約はその後も継続し、満期時には満期保険金が支払われます。

こども保険に加入すれば、目標の保険金額を確実に手にできます。保険期間は、18歳までと22歳までが主流となっています。

祝い金と育英年金

　こども保険の基本タイプは前ページのとおりですが、最近では祝い金と育英年金がついているものが主流となっています。

●祝い金

　満期になる以前にも、幼稚園、小学校、中学校、高校に入学する時期などに3～5回程度、一定の額が祝い金などの名称で支給されます。

契約例

契約者	男性30歳、こども0歳、基準保険金額100万円

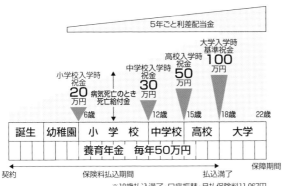

※18歳払込満了・口座振替・月払保険料11,067円

　祝い金は、そのつど受け取ることもできますし、保険会社に据え置くこともできます。据え置いた場合には、会社所定の利率による利息がつきます。なお、据え置きを認めず、祝い金は必ず受け取らなければならないとしているものもあります。

●育英年金

　保険期間中に親が死亡したときに、その後のこどもの教育のため毎年一定額の年金が、満期まで育英年金、養育年金などの名称で支払われます。また、育英年金額は、支払日におけるこどもの年齢によって異なっているのが普通です。

金利低下の影響が顕著

　こども保険は、貯蓄性が高い商品。そのため、金利変動の影響を受けやすくなっています。2010年契約と2016年契約のこども保険で払込保険料に対する返戻率を比較すると、10％以上低下した商品もあるとの指摘もあります。低金利、マイナス金利が継続する限り、この傾向は継続することを忘れないようにしたいものです。

6 保険金額の設定

　養老保険など貯蓄目的では、目標金額が保険金額です。それでは、加入目的が死亡保障の場合、どうすればよいのでしょうか。多ければ多いほどよいのでしょうか。

　保険金額の設定について、考えてみましょう。

生命の値段

　死亡保険金は遺族の生活費の一部に充てられます。公的年金、預貯金などさまざまなものを組み合わせて必要な生活費を調達できればよいのですから、生命保険の必要保障額（死亡保険金額）は、次のように考えることができます。

$$\fbox{必要保障額 （死亡保険金額）} = \fbox{遺族の必要生活費} - \fbox{公的年金や 預貯金など}$$

　この遺族の必要生活費のことを生命の値段ということがあり、いろいろな計算方法がありますが、代表的なものを二つ紹介します。

●生活設計法

　これは、家計を支えている者が死亡した場合、遺族に必要な生活費を積み上げていくことにより求める方式です。遺族の生活費は、①＋②となります。

---

① 末子が独立するまでの家族の生活費

　　$\fbox{現在の月間生活費×70％×12×末子が22歳になるまでの年数}$

　　末子が22歳で（つまり大学卒業）独立と仮定。それまでの遺族の月間生活費を、毎月の生活費から亡夫の生活費（30％と仮定）を控除したものと推定し、末子が22歳になるまでの累計を求めます。

② 末子が独立した後の妻の生活費

　　$\fbox{月間生活費×50％×12×末子が22歳のときの妻の平均余命}$

　　末子が独立した後、妻が亡くなるまでの月間生活費（50％と仮定）の累計を求めます。平均余命は、簡易生命表などにより求めます。

●新ホフマン方式

　これは、交通事故などで賠償責任額を計算する際に用いられる方法です。つまり、逸失利益（犠牲者がもし生存していたならば得られたであろう総収入から、本人の生活費等を差し引いた額。つまり家族の生活費）から中間利息を控除（将来得るべき収入を、事故発生時に一時に受け取ることになるので、利息分を考慮して差し引く）することにより求めます。

月間収入×12×70%×新ホフマン係数 ※これは、本人の生活費を30%と仮定した場合

就労可能年齢および就労可能年数と新ホフマン係数

年齢	就労可能年齢	就労可能年数	係数	年齢	就労可能年齢	就労可能年数	係数
30歳	67歳	37年	24.629	45歳	67歳	22年	16.697
31	67	36	24.155	46	67	21	16.094
32	67	35	23.674	47	67	20	15.481
33	67	34	23.186	48	67	19	14.856
34	67	33	22.691	49	67	18	14.219
35	67	32	22.188	50	67	17	13.570
36	67	31	21.678	51	67	16	12.907
37	67	30	21.160	52	67	15	12.232
38	67	29	20.634	53	67	14	11.542
39	67	28	20.099	54	68	14	11.542
40	67	27	19.556	55	69	14	11.542
41	67	26	19.003	56	69	13	10.838
42	67	25	18.441	57	70	13	10.838
43	67	24	17.870	58	70	12	10.118
44	67	23	17.288	59	71	12	10.118

新ホフマン方式生命価値早見表

年収 ＼ 年齢	25歳	30歳	35歳	40歳	45歳
300万円	4,682万円	4,331万円	3,949万円	3,529万円	3,062万円
400万円	6,242万円	5,775万円	5,266万円	4,705万円	4,082万円
500万円	7,803万円	7,219万円	6,582万円	5,881万円	5,103万円
600万円	9,363万円	8,663万円	7,899万円	7,058万円	6,124万円
700万円	10,924万円	10,106万円	9,215万円	8,234万円	7,144万円
800万円	12,484万円	11,550万円	10,531万円	9,410万円	8,165万円
900万円	14,045万円	12,994万円	11,848万円	10,587万円	9,185万円
1,000万円	15,605万円	14,438万円	13,164万円	11,763万円	10,206万円

（注1）1万円未満は四捨五入しています。年収は税込。
（注2）生活費は30%として計算しています。

大切なのは懐具合

　実際には家計とのバランスで保障額（保険金額）が決められます。世帯主についてみると、死亡保険金1,386万円となっています。これらを参考にして、無理のない保険金額を設定してください。

世帯主死亡保険金
1,386万円
世帯主疾病入院給付金
9.8万円
世帯年間払込保険料
37.1万円
世帯年間払込保険料対年収比
6.7%（全生保）

生命保険に関する全国実態調査［生命保険文化センター（令和3年）など］

世帯年間払込保険料（全生保）

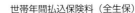

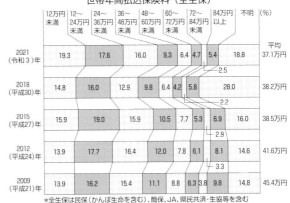

	12万円未満	12～24万円未満	24～36万円未満	36～48万円未満	48～60万円未満	60～72万円未満	72～84万円未満	84万円以上	不明	(%) 平均
2021（令和3）年	19.3	17.6	16.0	9.3	6.4	4.7	5.4		18.8	37.1万円
2018（平成30）年	14.8	16.0	12.9	9.8	6.4	4.2	5.8	2.5	28.0	38.2万円
2015（平成27）年	15.9	19.0	15.9	10.5	7.7	5.3	6.9	2.2	16.0	38.5万円
2012（平成24）年	13.9	17.7	16.4	12.0	7.8	6.1	8.1	2.9	14.6	41.6万円
2009（平成21）年	13.9	16.2	15.4	11.1	8.8	6.3	3.8	3.3	14.8	45.4万円

＊全生保は民保（かんぽ生命を含む）、簡保、JA、県民共済・生協等を含む

出典：「2021（令和3）年度生命保険に関する全国実態調査」生命保険文化センター

7 かんぽ生命保険

2008年10月1日、日本郵政公社が民営化され、持ち株会社である日本郵政株式会社と郵便事業株式会社、郵便局株式会社、株式会社ゆうちょ銀行、株式会社かんぽ生命保険の傘下各社が誕生しました。

簡易保険から様変わりした「かんぽ生命」について見てみましょう。

株式上場も、公開価格割れ

郵政3社が2015年11月4日、東証1部に株式上場されました。各社の初値は、いずれも売り出し価格を上回り、同値で計算した3社の時価総額は計15兆3960億円、87年のNTT（約25兆円）に次ぐものとなりました。

郵政民営化委員会は、「3社株式とも売り出し価格を上回る初値が付くとともに、各社の株価はその後も比較的安定的に推移しており、まずは順調な滑り出しとなった。」と評価しました。

しかし年明け以降、株価は下落。1月29日に日銀がマイナス金利を導入して長期金利が低下すると、下落に拍車がかかりました。

郵政グループ3社の株価の推移

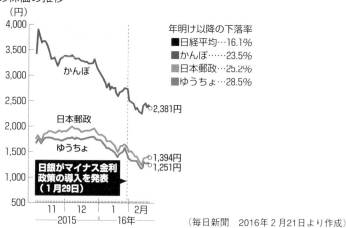

年明け以降の下落率
- ■日経平均…16.1%
- ■かんぽ……23.5%
- ■日本郵政…25.2%
- ■ゆうちょ…28.5%

（毎日新聞　2016年2月21日より作成）

この主な理由は、国債の利回り低下による資金運用難となっているためです。ゆうちょ銀行は運用資産の約4割、かんぽ生命は約5割を国債で運用しています。

現在のマイナス金利は、郵政各社に重くのしかかっています。

かんぽ生命でどうなったの？

●簡易生命保険は

簡易生命保険法が廃止されたので、新たに簡易生命保険の契約はできません。一方、民営化前の簡易生命保険契約に係る権利および義務は、独立行政法人郵便貯金・簡易生命保険管理機構が引き継ぎ、その保険契約が消滅するまで管理します。政府保証も継続されます。なお、保険金等の支払いや保険料収納等の実際の業務は、かんぽ生命に委託されています。また、保障内容の変更もできなくなりました。

●かんぽ生命の特徴

かんぽ生命では、政府保証はなくなりましたが、加入時の医師による診査は不要で、保険金額に制限があるなどの特徴は残されています。なお、加入限度額は、満期等によって契約が消滅していない簡易生命保険契約の保険金額を合算した金額になるので注意が必要です。

かんぽ生命が販売している保険の特徴

無診査で加入	申し込みの際、健康状態について医師による診査が不要。健康状態に関する一定の質問事項（現在かかっている病気・ケガ、過去3年間にかかっていた病気など）について、事実を告知する
加入限度額	加入限度額は1人につき、15歳以下は700万円、16歳以上は1,000万円（ただし特定養老保険に加入する場合は500万円、55歳以上の人が定期保険または特別養老保険に加入する場合は800万円が限度） 20歳以上55歳以下については、加入後4年以上経過した保険契約の保険金額について、既契約の保険金額を含め、通算して2,000万円まで

加入後4年経過した場合の限度額変更

2016年4月1日、満20歳以上満55歳以下で加入後4年が経過した場合は、加入限度額の算定にあたり、保険金額に算入しない額の限度額が300万円から1,000万円に変更されました。

これにより、通算で2,000万円まで加入が可能となりました。

⑧ JA共済

JA共済は農協法に基づく農業協同組合（JA）の共済で、農家組合員の生命や財産を保障しています。生保や損保各社が取り扱う商品とほぼ同様で、組合員以外の人でも、員外利用や准組合員となることで組合員と同様に利用することができます。

一時払終身共済に生存給付特約の新設（2019年4月）

ＪＡ共済では、子や孫への資産継承のため、一時払終身共済に「生存給付特則」を新設、生前贈与として活用できる仕組みとしました。

生存給付金支払期間満了後の死亡では、共済金額と同額の死亡共済金が支払われます。

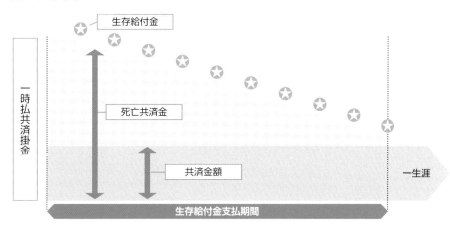

【契約例】共済金額500万円、生存給付金支払期間10年

共済年度 （経過年数）	1 (1年未満)	2 (1年後)	3 (2年後)	4 (3年後)	5 (4年後)	6 (5年後)	7 (6年後)	8 (7年後)	9 (8年後)	10 (9年後)	11 (10年後)	12〜 (11年後〜)
生存給付金	−	100万円	100万円	100万円	100万円	100万円	100万円	100万円	100万円	100万円	100万円	−
（受取累計額）	−	100万円	200万円	300万円	400万円	500万円	600万円	700万円	800万円	900万円	1000万円	
死亡共済金	1500万円	1400万円	1300万円	1200万円	1100万円	1000万円	900万円	800万円	700万円	600万円	500万円	

共済掛金の改定など

2017年4月、最近のマイナス金利等を踏まえ、共済掛金が改定されました。主な共済種類における共済掛金は、次の通りです。

終身共済

加入年齢	30歳
主契約	共済金額：200万円 共済掛金払込終了年齢：60歳
特約	定期特約：800万円 災害給付特約：500万円 災害死亡割増特約：500万円 家族収入保障特約：120万円（年額） 生前給付特約 指定代理請求特約

性別	改定前	改定後	増減率
男性	145,999円	159,087円	109.0%
女性	109,949円	123,051円	111.9%

＊年払い、口座振替

医療共済

加入年齢	25歳
主契約	入院給付金日額：10,000円 共済期間：終身 １入院限度日数：60日 共済掛金払込終了年齢：99歳 先進医療保障：あり 入院見舞保障：あり 三大疾病重点保障特則：あり
特約	指定代理請求特約

性別	改定前	改定後	増減率
男性	91,732円	101,217円	110.3%
女性	95,084円	104,629円	110.0%

＊年払い、口座振替

定期生命共済の歳満了タイプでは従来、最短でも80歳まででであったため、「引退・定年までの一定期間だけ、万一に備えたい」との要望を踏まえ、2019年4月からバリエーションが豊富になりました。

	改訂後（2019年4月から）	改訂前
年満了	5年、10年、15年	5年、10年、15年
歳満了	50歳、55歳、60歳、65歳、70歳、 75歳、80歳、90歳、99歳	80歳、90歳、99歳

One Point　員外利用と準組合員とは

農協法では、JAごとに組合員の利用高の２割まで組合員以外の利用が認められています。これを「員外利用」といいます。これとは別に、出資金を支払い「准組合員」となる方法もあります（組合員総数比50％超）。准組合員は、JAのすべての事業を組合員と同様に利用できます。

9 全労済

　正式名称は「全国労働者共済生活協同組合連合会」で、生協法に基づき、厚生労働省の認可を受けて設立された共済事業を行う協同組合です。「保障の生協」といわれ、出資金1,000円以上を払い込めば、誰でも組合員になれ、共済を利用できます。

タイプいろいろな「こくみん共済」

　全労済には、遺族保障、医療保障など多種多様な共済がありますが、その中でも「こくみん共済」は人気商品。この「こくみん共済」には、豊富なタイプが揃っています。

　数多くの商品の中から、その一部を見てみましょう。

種類	加入対象	掛金月額
こども保障タイプ	０歳〜満17歳の健康な人	1,200円
医療保障タイプ	満18歳〜満64歳の健康な人	2,300円（２口）
総合保障タイプ	満18歳〜満64歳の健康な人	1,800円（２口）
傷害タイプ （個人賠償プラスつき）	健康状態にかかわらず０歳〜満79歳の人	1,200円

　このうち、総合保障タイプ（２口）は次のようなものです。

保障内容		総合タイプ 共済金額
死亡・重度の 障がいが残ったとき １級・２級と、３級の一部	交通事故	1,200万円
	不慮の事故等	800万円
	病気等	400万円
単に介護を要し、上記の共済金が 支払われる場合で６ヵ月間生存のとき		400万円

＊保障内容の一部です

総合医療共済・せいめい共済の改正

2019年8月、総合医療共済とせいめい共済でも、加入年齢や保障内容、共済金の支払い方法で、以下のように改正がありました。

手軽な掛金で一生涯の安心を実現	手軽な掛金で一生涯の医療保障を実現するため、1回の入院日数が60日のタイプを新設
健康に不安がある人も加入できる終身医療保障	持病や既往症など、健康に不安がある人をサポートする一生涯の医療保障を新設
死亡、重度障害に加えて介護状態にも備えられる	認知症や寝たきりなど、公的介護保険の要介護2以上になった場合に一時金が支払われる一生涯の介護保障を新設

また、せいめい共済の終身せいめいプランに介護タイプが新設され、死亡・重度の障害に加えて、介護状態の保障も備わりました。

0歳から満70歳の健康な人が加入可能で、契約期間が終身のため、掛金は契約時の金額が生涯変わりません。

保障内容（死亡共済金500万円の場合）

要介護状態になったとき	500万円
死亡・重度障害が残ったとき	500万円

掛金月額（終身払）

契約時年齢	男性	女性
45歳	13,400円	12,400円
50歳	15,650円	14,350円
55歳	18,650円	17,050円

 こくみん共済COOP

1957年9月に誕生した全労済は、創立60周年を節目に、さらに多くの人に親しまれ、愛される存在となるため、新たな姿を表す愛称として「こくみん共済coop」を制定しました。「たすけあいの輪」を広げていきたいとのことで、2019年6月から「こくみん共済coop」の活用が開始されました。

保険の話　　●米国の嵐は頭上を通り過ぎたのか？

　2018年12月30日、米国を除く11か国による環太平洋経済連携協定（ＴＰＰ11）が発効。これにより、世界のGDPの約13％、域内人口約5億人をカバーする巨大な自由貿易圏が創出されました。

●多数の項目について「日本国政府は……を確認する」!!

　同協定には複数の文書があり、保険に関するものでは、「保険（『かんぽ生命』のこと）、透明性/貿易円滑化、投資、知的財産権、規格・基準、政府調達、競争政策、急送便（『日本郵便』のこと）、及び衛生植物検疫措置」の多分野にわたり、「日本国政府は……を確認する」などとしています。

　この内容は、従来の米国の「年次改革要望書」、「外国貿易障壁報告書」等と類似しています。また、医療に関するものでは、「あらゆる事項（関連する将来の保健医療制度を含む。）について協議する用意があることを確認」し、公的医療保険制度の交渉を可能にしています。

●日米貿易協定交渉の開始!!

　一方、TPPを離脱した米国のトランプ米大統領は、同年9月、安倍首相との首脳会談で日米貿易協定交渉の開始を合意。翌年3月、大統領経済報告で「日本とは自由貿易協定（FTA）交渉に入る」と宣言。

　同協定について、安倍政権はモノに限った物品貿易協定（TAG）だとしますが、相手国の米国はサービス分野も含めた包括的なFTAを目指すとし、双方に重大な相違が見られます。

対日通商交渉の目的

　2018年12月、USTR（米国通商代表部）が、対日通商交渉の目的を公表。内容は、物品貿易、サービス貿易、為替等22項目。これはNAFTA（北米自由貿易協定）再交渉時の目的と類似。

　物品貿易では、米国の貿易収支改善と対日貿易赤字削減などの実現、為替条項では、日本が為替操作を行わないようにするとしました。

　日米貿易協定交渉では、あらゆる分野で米国と対峙することとなるため、TPP交渉以上の覚悟が必要です。

　TPPの嵐は、一見、頭上を通り過ぎたかのように見えますが、米国はTPP超えの要求を日米貿易協定交渉で突き付けてくるのは明白で、同交渉の行方から目を離すことはできません。

PART 3

生命保険商品の
ポイント

保険料と保険金から考える 保険選びのポイント

生命保険に加入するときには、目的に合わせて保障内容を選ぶことが重要です。万が一の場合に家計を支えるためであれ、けがや病気の医療費のためであれ、保障内容を決めるときには、必要な保障内容（保険金）とそのために必要な保険料とのバランスを考えなければなりません。

保険料と保険金（保障内容）のバランスを考える

　生命保険では、万が一の場合や病気・けがなどの場合に、保険契約に従って保険料を支払うことで、必要な保障を受けることができます。もしものことを考えると、「必要な保障」つまり保険金の額は高ければ高いほどよいと思えるかもしれません。しかし、毎月の生活費から支払う保険料のことを考えると、支払う保険料は安いのに越したことはありません。

> CASE 1
>
> 　Aさん（33歳）は会社員。結婚5年目で、妻と3歳の男の子と生まれたばかりの女の子という4人家族です。毎月の給与は手取りで30万円ほど。現在は賃貸のアパートですが、将来は自分の家を持ちたいとも考え、そのために少しずつ貯金もしています。こどもたちにかかるお金のことを考えるともっと貯金の額を増やしたいとも思っていますが、万が一のことを考えると保険に入ることも考えなければなりません。
> 保険についてどのように考えたらいいでしょうか。
>
> ⬇
>
> 　Aさんのように30代でこどもが幼い家庭の場合、預貯金の額が多くなければ、万が一のときの保障は生命保険でカバーする必要があるでしょう。家計のことを考えると高額の保険料を支払うことも簡単ではありませんね。
> 　このような場合には、こどもが成人するまでの一定期間、万が一の場合を保障してくれる定期保険に加入することがベターだと考えられます。家計の負担を考えて保険料を低く抑えながら、なおかつ一定期間、必要な保障を得られるからです。

定期保険の保険料が安いのは

PART2（P.44〜P.63）でも説明したように、定期保険は小さな負担で大きな安心を得られる保険です。「掛け捨て」という言葉で表現されるように、解約返戻金はほとんどないものが一般的ですが、それは「貯蓄」にあたる部分の金額が保険料の中に含まれていないからです。

終身保険や養老保険など解約返戻金や満期保険金が設定されている保険は、支払う保険料の中にやがて解約返戻金や満期保険金として受け取ることになる「貯蓄」部分にあたる金額が含まれているのです。つまり、解約返戻金や満期保険金を受け取ることができるのは、契約者が自ら保険料として支払っているためなのです。

●定期保険の保険料が安くなるしくみ

定期保険の保険料	=	危険保険料	+	付加保険料

終身保険や養老保険などの保険料	=	危険保険料	+	生存保険料	+	付加保険料

危険保険料：予定死亡率（人が1年間に死亡する割合）から割り出された保険料
生存保険料：予定利率（保険料の運用によって得られる利益の割合）から割り出された保険料。貯蓄保険料ともいう。
付加保険料：予定事業比率（生命保険会社の運営に要する費用）から割り出された保険料

One Point　「貯蓄」部分の保険料がいくらかを考える

保険料の金額をいくらに設定するかは、保険による保障の中に「貯蓄」にあたる部分を含めるかどうかで大きく変わってきます。

15年満期の定期保険（保険金額5,000万円・準有配当）では、加入時年齢35歳の男性が毎月支払う保険料は15,000円ほどです。一方、保険金額2,000万円の終身保険（無配当）の場合、35歳加入の男性が毎月支払う保険料は50,000円ほどで、月々35,000円の差額が生じます。この差額分には「貯蓄」部分にあたる保険料が含まれているのです。

2 家計を保障する 保険選びのポイント1

家計を支える保障として生命保険を考える場合には、万が一の場合を保障する保険をどうするかがポイントです。「掛け捨て」という言葉で表現される定期保険を役立てるポイントは、「少ない保険料による大きな保障」という定期保険の特徴をどう有効に使うかを見極めることです。

必要な時期に必要な保障が生命保険のポイント

PART1では、保険に加入する目的を明確にする必要があることを説明しました。「家族年表」や「リスク分析表」をつくることで、「いつ・どのような保障がどれくらい必要か」を考えることができます。

保障が必要な時期と必要な保障額をつかむことで、むだなく保険活用することができます。

CASE 1

Bさん（40歳）は会社員。結婚15年目で、妻と14歳の長女、12歳の長男の4人家族です。毎月の給与は手取りで40万円ほど。昨年新築マンションを購入したので、月々のローンが約8万円です。1年後には長女が高校に、長男は3年後に高校へ進学する予定です。今後10年間はこどもの教育費など家計の負担が重くのしかかっています。Bさんに万が一のことがあると残された家族はたいへんです。毎月の預金で長女や長男の教育費を準備したいと考えていますが、万が一の保障までは余裕がありません。何とかする方法はないでしょうか。

Bさんのように、今後10年間の負担が極端に重い家庭の場合、万が一の保障は大切です。とは言っても月々の出費をあまり大きくしては、家計が苦しくなって教育費を準備することもできなくなってしまいます。このような場合には保険料が安く保障が大きい定期保険に加入して、必要な期間の保障を確保する方法が考えられます。

CASE 2

Cさん（50歳）は、自営業。結婚23年で妻と21歳の長男（大学生）と3人暮らしです。長く続くデフレで売上が落ち、老後の心配だけでなく毎月の出費を抑えるために保険の見直しをしたいと考えています。

毎月の保険料払込み負担を軽減したい場合には、中途減額を考えてはいかがでしょうか。保険金を減額することで保険料を下げる方法です。定期保険部分よりも終身保険部分の保険金を下げるほうが保険料の減額が大きくなりますが、長男がもうすぐ社会人になることと老後の生活保障を考えたときには定期保険部分の保険金を下げる方がいいでしょう。

同じ保険で支払い保険料を少しでも安くするには

　保険料は払込回数によって支払総額が変わってきます。一番安いのは全保険期間の保険料を一括して支払う一時払いですが、年払いや半年払いにも若干の割引があります。まとめて支払う方法を選択できる場合には、割引制度のない月払いを選択するよりも有利です。金利の低い現在の預金に余裕があれば、一時払いで保険に加入することで預金金利分以上に保険料が割安になることもあります。

● 保険料の割引

一時払い　　割引率が一番大きい

年払い　　若干の割引がある

半年払い　　若干の割引がある

月払い　　割引なし

インターネットによる契約で保険料を安くする

　最近では、インターネットを通じて加入契約することでも保険料が割引されます。各保険会社によって詳細は異なりますが、保険外務員を通じて契約するよりも、必要な保険についてご自分でいろいろと調べたうえで、インターネットを通じて契約することを考えてはいかがでしょうか。

③ 家計を保障する 保険選びのポイント2

定期保険の中にはさまざまなバリエーションがあります。「必要なときに必要な保障を」と考えたとき、保険加入者の家庭の事情によって有効に利用することができる保険があります。収入保障保険や逓減定期保険、逓増定期保険などの特徴をまとめてみましょう。

収入保障保険の特徴

収入保障保険は定期保険の一つですが、通常の定期保険では一時金として死亡保険金が支払われるのに対し、収入保障保険の場合には保険期間満了時まで年金として支払われるという点に違いがあります。

収入保障保険では、年金の受け取り回数に最低保証が設けられています。保険料払込み期間内に被保険者が死亡した場合、年金の受け取り回数が最低保証期間分に満たない場合は、満期を過ぎても最低保証分に達するまで年金を受け取ることができます。一般の定期保険と同じく満期保険金はなく、被保険者の死亡などにより年金の支払い事由が生じた後は、保険料の払込みが不要となります。

収入保障保険は、世帯主に万が一のことがあったとき多額の一時金は不要という場合に利用することができる保険といえるでしょう。

逓減定期保険と逓増定期保険の特徴

「少ない保険料で高い保障を」という定期保険の特徴を生かすためには、逓減定期保険を選択することもできます。逓減定期保険は、保険期間中に必要な保障金額に応じて保険金額を変えることで、必要以上の保障についての保険料を支払わなくてもすむからです。

逓減定期保険には、一つの保険期間内で保険金額を契約当初の最高額から最低額まで減額していくものと、10年などの保険期間で最高額の6割程度に保険金額を減額していくタイプがあります。

　保険料は一定額のままで契約当初に保障の比重をかける必要がある場合などに利用することができる保険といえます。一般の定期保険に比べて6割程度の保険料ですむ点が特徴です。

　一方、逓増定期保険は、逓減定期保険とは反対に、一つの保険期間内で契約当初の保険金額から毎年一定の割合で増額していくものです。20年から40年という長期間にわたって保険金額を増やしていきます。保険金額の増加割合は契約当初の5倍以内がほとんどですが、将来の物価上昇を考えて利用することもできるでしょう。

　ただし、一般の定期保険と比べてかなり割高なので、個人よりも企業が多く利用しています。

CASE 1

　Dさん（50歳）は、会社員。結婚25年を過ぎて3人のこどもたちのうち2人が就職し、残っているのは17歳の次女一人だけ。妻と次女との3人暮らしです。

　次女は、大学へ進学するのか高校を卒業したら就職するのかをまだはっきりと決めていないようですが、それにしてもあと数年も経てばひとり立ちしてくれるだろうと考えています。

　このような家庭の場合、新規に保険に加入するなら一般の定期保険よりも逓減定期保険のほうがよいでしょう。

　次女が社会人になれば、必要な保障額は契約当初に必要だった金額ほどではなくなることが予想されるからです。次女が社会人になってひとり立ちしたら終身保険に変更することが可能なものもあります。

One Point　マイホームを購入したら死亡保障は減額できる

　マイホームを購入する場合にはローンを組むことが一般的ですが、新築マンションを購入するときなどに住宅金融公庫から融資を受けると、団体信用生命保険に加入することになります。

　このような場合には、融資契約者である世帯主が死亡すると保険によって住宅ローンの弁済を受けることができます。つまり団体信用生命保険に加入していれば、万が一のことを考えて生命保険に加入する際に、住宅ローン分の保障を差し引いて考えることができるのです。

4 アカウント型保険商品の比較ポイント

利率変動型積立保険は「アカウント型」ともいわれている保険商品です。従来の定期付終身保険に代わる保険として注目されていますが、保険について知識の少ない一般の人にもわかりやすい内容にする必要が指摘されています。

アカウント型保険とは何か

2001年4月の予定利率低下と同時に利率変動型積立終身保険が相次いで登場しました。この保険では、「口座（アカウント）」を持つこととなることなどから、アカウント型とよばれることがあります。

アカウント型の特徴は、以下のようになっています。

①アカウント型は「保障部分」と「積立部分」が明確に区別されています。積立部分については、契約者の自由な出し入れが可能です（所定の手数料がかかります）。

②従来の保険では、契約時点で決められた枠組みを変更することは難しかったのですが、アカウント型では積立部分を保障に回すことなどにより保険料の増額や契約の転換をせずに保障を増やすことが可能です。

③アカウント型では、積立部分に資金がある場合には、それを保険料にあてることができます。このため保障額や保険期間を変更せずに保険料を減らすことが可能です。

④更新時に各種特約の保険料がアップする場合、積立部分の金額を保障に回すことで、保険料を更新前と同じにすることができます（積立部分の保険料が少なくなります）。

⑤保険料払込期間満了後に積立部分を終身保障に移行したり、年金、一時金として受け取ることができます。

アカウント型は「逆ザヤ」が発生しない保険

アカウント型の場合、「貯蓄」部分にあたる積立部分の予定利率は1年または3年ごとに見直されることになっています。このため保険会社にとっては「逆ザヤ」が起こらず、一方で契約者にとっては、将来の予定利率上昇を期待して積み立てることができます。

現在の積立部分の予定利率は1％未満ですが、景気が好転する場合には、契約時の予定利率より上昇するというメリットがあります。

契約者には年に1回、保険料の内訳や積立部分の金額がいくらかなどを示した年次レポートが保険会社から送られてきます。その状況により保障の内容を見直すことができるので、見直しを前提とした保険ということができます。

保険の見直しよりも新たに保険加入する人に向いた保険

アカウント型は万が一のときの遺族保障などに加え、保険を使って貯蓄をすることができる保険商品です。しかし、従来の定期付終身保険でも転換をせずに保障額を見直したりすることは可能です。アカウント型は定期付終身保険に加入している人が解約して新たに入る保険というよりも、就職や結婚、こどもの誕生などによって初めて保険に入る人が加入を検討する保険といえます。

保障だけでなく保険に貯蓄性を期待する人ならアカウント型に加入してもいいでしょう。

One Point　積立部分は打ち出の小槌ではない

「アカウント型」は保険料を変えずに保障を増額することができ、また保障部分の更新時に増額する分を積立部分から回すこともできます。「必要な保障を必要なときに」という考えに対応しているといえます。しかし、いずれの場合にも積立部分へ回す金額が少なくなります。

それによって、払込満了時の積立金額が減ってしまうことも考えておく必要があります。

5 医療保険商品の比較ポイント

生命保険の見直しが話題になるなかで、従来は終身保険などの特約として付加されていた医療保障について、単独で加入できる医療保険がテレビCMなどでも見受けられます。一泊二日の入院で給付金が受け取れるタイプなど、比較のポイントを見てみましょう。

医療保険とは何か

医療保険は、病気やケガによって一定の日数以上入院した場合や所定の手術を受けた場合に、「入院給付金」や「手術給付金」として保険金が支払われる保険です。

医療保険には特約型と独立型の二つのタイプがあり、ともに病気やけがによる入院や手術に対する保障（給付金）などがある保険です。

特約型と独立型の医療保険の違いは、主契約として単独で加入できるかどうかということですが、そのほか一般的に、特約型よりも独立型医療保険のほうが保険料は高く、その分保障が厚いということがあげられます。特約型では病気やけがで入院する場合、5日目以降入院給付金が受け取れるものが一般的なのに対し、独立型の場合には1日目から入院給付金が受け取れる保険商品もあり、人気になっています。

また、特約型の場合には、主契約部分の保障が終了した時点で特約部分の保障がなくなるのが一般的です。そのためご主人の終身保険に特約型の医療保険を付加している場合、保険料払込期間満了時、または万が一ご主人が亡くなって死亡保険金を受け取るなどして主契約が終了した後は、特約とし付加されていた家族の医療保障などもなくなります。

独立型医療保険のタイプ

少子高齢化の進展により、夫婦二人またはひとりで老後の生活を送る場合も多くなっています。また、平均寿命が延びており、生きていくために必要

な保障として独立型の医療保険が求められてきています。独立型の医療保険には、終身型、全期型、更新型の３つのタイプがあります。

●独立型医療保険の3つのタイプ

終身型医療保険
生涯にわたる医療保障を特徴とする医療保険。保険料は払込期間を通じて一定で、払込期間について「終身払い」のタイプと払込期間を限定した「有期払い」があります。

全期型医療保険
保障期間を10年満期とか80歳満期などと設定する医療保険で、保険料は払い込み期間を通じて一定です。

更新型医療保険
加入時の保険料を安くした医療保険で、更新するたびに保険料がアップします。90歳まで加入（更新）が可能な商品もあります。保険料は、保障期間中は一定となります。

医療保険の比較ポイント

最近の生命保険の主流は医療保険ともいえる状況。各社の工夫を凝らした商品があふれています。

医療保険の選び方のポイントをさぐってみましょう。

1 保険料の金額
保険料は、他の条件が同じなら、死亡保障や解約返戻金、配当のないタイプの保険料が安くなります。

2 入院給付金の対象在院日数
入院給付の対象となる在院日数は、次第に短期となり、現在の主流は、1泊2日以上です。さらに、日帰り入院すら対象としているものもあります。

3 入院給付金の支払限度
入院給付金の支払限度日数には、1回の入院についての支払限度日数と、通算しての支払限度日数とがあります。選択式（1入院120日・通算700日または1入院240日・通算1000日など）となっているものもあります。

1入院の支払限度日数	通算の支払限度日数
60日、120日、180日、360日、730日、1000日、1095日など	700日、730日、1000日、1095日など

この他にも、医療保険には保障の部位を制限しているもの、入院しなかったときに祝金（ボーナス）が支給されるものなどいろいろです。必ず、お気に入りのものが見つかるでしょう。

6 特定疾病保障保険の比較ポイント

　日本人の死因は、ガン、心臓病、脳卒中が約6割を占めています。年齢を加えるにしたがってその割合は増えていきます。ここでは、3大成人病保障保険に代表される特定疾病保障保険について、比較するポイントを見ていきましょう。

3大成人病保障保険とは何か

　いわゆる3大成人病保障保険は、ガン、脳血管疾患（脳卒中）、心臓病（急性心筋梗塞）の治療費を保障する目的の特定疾病保障保険で、被保険者が3大成人病にかかって所定の状態になった場合、死亡時と同額の特定疾病保険金が一括して支払われます。

　生きているうちに保険金が支払われるため、治療費としてだけでなく家計を助ける費用として使うこともできます。

　3大成人病保障保険には、保障期間に応じて終身型と定期型の2つのタイプがあります。

　終身型は終身保険タイプで、一生涯にわたって保障されます。定期型は定期保険タイプで、最長80歳という一定期間の保障が受けられます。また、3大成人病にかからなかったため生きているうちに保険金を受け取っていない場合には、保険期間中に3人成人病以外で亡くなっても死亡保険金が支払われます。死亡に備える保険ではなく、生きるための保険として注目されてきています。

　最近では3大疾病保障特約が登場していますので、医療保障を厚くしたい場合に付加するとよいでしょう。

　また、保険料は定期保険や終身保険よりも割高になっていますので、保障期間を更新する定期型より終身型に加入するほうが保険料の支払総額を低く抑えることが可能です。成人病にかかる確率が高くなる年代の保険料はかなりの負担になると考えられるからです。

3大成人病保障保険の比較ポイント

　3大成人病保障保険の加入を考える場合、以下の点を検討する必要があります。

①3大成人病保障保険は死亡保障や医療保障の整っている人が、さらに保障を厚くするときに向いている保険といえます。
②定期保険や終身保険に比べて保険料が割高なので、医療保険（特約）に成人病特約を付加するほうが保険料を安くすることができます。
③定期型より終身型のほうが、とくに60代以降の保障が必要な年代になったときの保険料を低く抑えることができます。
④保障分野が限定されているため、保険金の支払条件が厳しくなっています。

●3大成人病保障保険の保険金支払い条件

　3大成人病保障保険の保険金支払条件は、以下の例のようになっています。

①ガンの場合、保険加入後に初めてガンにかかったことを医師によって診断されることが前提になります。また、ガンの種類や程度によっては保険の対象外となることもあります。
②急性心筋梗塞の場合には、医師の診断を受けた初診日から60日経過した時点で「引き続き労働の制限が必要」と医師によって診断されたときに、保険金が支払われます。
③脳卒中の場合も、医師の診断を受けた初診日から60日経過した時点で言語障害や麻痺などの神経学的後遺症があると医師によって診断されたときに、保換金が支払われます。

One Point　介護保障保険の優先順位は高くない

　介護保障保険は、介護保険制度による公的保障を補完する保険で、保険会社による所定の要介護状態になり、その状態が一定期間以上継続したと医師により診断されたときに介護一時金や年金などの保険金が受け取れるものです。
　介護保障保険は、単身者などで家族の介護が期待できないときなどに加入しましょう。

7 少額短期保険業者

2006年4月1日、改正保険業法が施行されました。同日以降、「根拠法のない共済」は特定保険業者となり、原則として2008年3月末までに、保険会社または少額短期保険業者へ衣替えなどをすることになりました。
少額短期保険業者とは、どのようなものなのでしょうか？

根拠法のある共済と根拠法のない共済

共済事業は、団体構成員の相互扶助による助け合い運動として発展してきたもので、法令上の定義はないものの、一般に、一定の地域や職域等でつながる者が団体を構成し、将来発生するおそれのある一定の偶然の災害や不幸に対して共同の基金を形成し、これらの災害や不幸の発生に際し一定の給付を行う制度、と考えられています。根拠法のある共済とは、法律に基づいて、主務官庁の監督・規制を受けて事業が行われているものです。

一方、根拠法のない共済は、法律に基づくものでないため所管する行政庁はなく、事業に対して監督・規制は行われていません。近年、事業者の急増や事業形態の多様化に伴い、消費生活センター等への相談が増加しています。

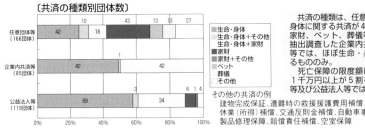

〔共済の種類別団体数〕

任意団体等（166団体）：42、18、10、43、13、13、27
企業内共済等（85団体）：42、1、42
公益法人等（119団体）：69、3、34、8、14

凡例：
■生命・身体
生命・身体＋その他
生命・身体＋家財
■家財
■家財＋その他
ペット
葬儀
その他

共済の種類は、任意団体等では、生命・身体に関する共済が4割強を占めるものの、家財、ペット、葬儀等多種多様。他方、抽出調査した企業内共済等及び公益法人等では、ほぼ生命・身体及び家財に関するもののみ。
死亡保障の限度額は、任意団体等では、1千万円以上が5割を占め、企業内共済等及び公益法人等では、50万円未満が多い。

その他の共済の例
建物完成保証、遭難時の救援援護費用補償、休業（所得）補償、交通反則金補償、自動車事故保障、製品修理保障、賠償責任補償、空室保障

＜相談の例＞
○保険では発行される年末調整のための所得税控除証明書を請求したところ、発行できないと言われたが、募集の際、そのような説明はなかった。
○勧誘者である友人に持病を告げた際、申込書の告知欄を「無」にするようにと指示され、その指示に従ったところ、告知義務違反を理由に共済金の支払いを拒否された。
○他の人を紹介すればマージンが入る共済に誘われ契約した。しかし、掛金の支払いが不安なため、解約を申し出たが応じてもらえない。等

このため、保険業の定義を改正し、特定の者を相手方として保険の引受けを行う事業についても保険業に含めることとし、原則として保険業法の規定を適用することとしました。ただし、労働組合が組合員等を相手方として行うもの、学校が学生等を相手方として行うもの等については、引き続き、保険業法の規定は適用されません。

少額短期保険業者とは

少額短期保険業とは、一定の事業規模の範囲内において、保険金額が少額、保険期間1年（損害保険については2年）以内の保険で、保障性商品のみを行う事業とされています。

また、次のとおり、1被保険者についての保険金額の上限が設けられています。

死亡保険	300万円	傷害を原因とする特定重度傷害保険	600万円以下
医療保険	80万円	損害保険	1,000万円以下
疾病等を原因とする重度傷害保険	300万円以下		

2024年3月現在、122社の少額短期保険業者が登録しています。保険会社とは異なり、それぞれ特色のあるものとなっています。

うつ病・認知症までサポート	少額な保険料で7つの保障
・医療保険と精神行動障害に関する所得補償保険が合体した保険。 ・うつ病、認知症、統合失調症まで保障対象としています。	・普通死亡、災害死亡、疾病入院、がん入院など7つの保障。 ・がん入院の場合、疾病入院給付金の2倍。 ・保険料は5歳きざみ。

興味の湧いた読者は、問い合わせてみるのもよいでしょう。

One Point　3月2日は、「少額短期保険（ミニ保険）の日」

一般社団法人日本少額短期保険協会は、3月2日を「少額短期保険（ミニ保険）の日」に制定。これを記念して「おもしろミニ保険コンテスト」などを実施しました。最優秀賞の栄冠に輝いたのは「またくるね」。これは、遠方で暮らす親の介護が必要となったとき、介護する子どもたちの交通費を補償する保険。選定理由に、「ネーミングがきらりと光る」とあります。

8 変額保険を選ぶときの比較ポイント

　　変額保険は、定額保険といわれる一般の終身保険などとは異なる性質をもった保険です。変額保険は本来、短期の利回りを前提としたものではなく10年から30年という長期で考えるべき保険です。変額保険の概要と、比較するポイントを見てみましょう。

変額保険とは？

　　変額保険とは、死亡保険金の基本保証はありますが、保険料の運用実績により保険金が増減する保険です。

　　変額保険は運用成果が期待できる半面、投資の危険性も大きいため、ハイリスク・ハイリターンの保険商品ということができます。定額保険とは別に、特別勘定によって運用されます。

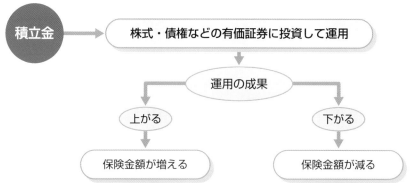

変額保険の保障内容

変額保険は死亡保障を基本にしており、一生涯の保障を行う終身型変額保

険と満期までの保証を行う有期型変額保険があります。どちらも保険料は定額保険と比べると割安になっています。

　終身型変額保険は被保険者の死亡時に基本保険金と変動保険金の合計額が支払われます。有期型変額保険では満期時に変動保険金だけが支払われます。基本保険金が支払われるのは保険期間中の死亡時で、基本保険金と変動保険金の合計額が支払われます。

●変額保険と定額保険

	変額保険	定額保険
死亡・高度障害保険金	資産の運用により毎月増減する（契約時の保険金額は保証）	一定金額が保証される
満期保険金	資産の運用により増減する（保険金額の保障はない）	一定金額が保障される
解約返戻金	資産の運用により毎日変動する（金額の保証はない）	保険料払込期間に基づいて計算された額が保障される
資産の運用・管理	特別勘定	一般勘定（予定利率の保証がある）
資産運用リスクの帰属	契約者の自己責任	保険会社の責任

加入の際には長期の運用を考えて

　現在の超低金利の下、経済もデフレ傾向にある状況では変額保険は魅力に乏しい保険と考えられますが、10年から30年という長期で見た場合にどうなるかは加入者の判断によるでしょう。いずれにしてもハイリスク・ハイリターンの保険である以上、保険の主力になるとは考えにくい保険商品です。

One Point　　**変額年金保険の特徴**

　2002年から銀行の窓口でも販売されているのが変額年金保険です。公的年金を補完する保険商品として扱われていて、他の変額保険と同様、運用成果に応じて受け取る年金額が変動します。

　年金支払が開始されるまで積立金が特別勘定で運用されるのは他の変額保険と同様ですが、年金支払開始日以降はそれが一般勘定に振り替えられ、受け取る年金が確定します。年金額は、それ以降は一定になります。

　変額年金保険は運用益がある場合には複利運用され、年金を受け取るまでは非課税扱いとなる税制上の利点があります。

9 保険を見直すときの 商品選びのポイント1

生命保険を見直す場合には、現状の保険の保障内容を見直し、中途減額や特約の中途付加・変更、さらに追加契約する方法などが考えられます。これまで入っている保険よりよい保険がある場合には、新規に保障内容を設計して見直す方法をとることもできるでしょう。

保険を見直すときの注意点

保険の見直しを考えている場合、とくに現在の保険を解約して新規の保険に加入するときなどには注意が必要です。

新しく保険に加入するときには、健康状態についての告知や医師の診査が必要となります。以前保険に加入したときには健康だった人でも、一般に年をとるごとに体は衰えてきますので、診査の結果によっては、保険に加入できないということも十分に考えられるからです。

また、保険料は加入時の年齢によって高くなっていきますから、新規に加入する保険の保険料を安くするためには、一般的に保障内容を下げなければならず、必要な保障が得られなくなる危険性もあります。

予定利率が高かった頃に加入した保険の見直しは慎重に

生命保険の契約は、通常、加入時の予定利率が適用されます。このため、かつて予定利率が高かった頃に加入した保険を解約して新規の保険に加入するのは予定利率の引き下げと同じになるので、よく考えてから判断を下すべきです。

とくに1993年頃までに加入した保険の場合、予定利率が5～6％前後あるものが一般的でした。通常は加入時の予定利率は保証されますから、現在の予定利率が1％未満ということを考えると、こうした保険を解約して新規の保険に加入するのは慎重にならなければいけません。

保険料負担を軽減する保険の見直しポイント

　実質賃金の低下や高い失業率など、家計を取り巻く状況には不安な要素が数多くあります。こうした状況で住宅ローンなどをかかえる30代・40代の方なら、家計の出費を少しでも減らすために保険料を下げることを考えるでしょう。その際のポイントは以下のようになります。

●家計の出費を抑えるための保険の見直しポイント

①必要のない保障は見直す

　　終身保険に入っている人で、特約としてさまざまな保険をつけている人がいますが、特約で保障される内容が本当に必要か、他の保険の保障と重複していないかを確認し、必要のない保障や重複している保障を見直すことが必要です。

②必要のない保障金額を必要な保障金額にする

　　死亡保険金の額が必要な金額以上になっている場合には、必要な保障金額にします。こどもの成長によって必要な保障金額が下がってきたときには、保険料の支払い金額を安くする中途減額（P.108参照）を利用する方法があります。

③同じ保障内容を保障の必要な期間だけにして保険料を安くする

　　例えば1,000万円の死亡保障が必要な場合、延長保険（P.106参照）によって養老保険から定期保険に切り替えることで、それ以降の保険料の払込を不要にすることができます。ただし、この場合には保険期間が短くなりますので、必要な保険期間をカバーできるかが判断の基準となります。

One Point　同じ保障でも保険会社によって保険料は違う

　現在では、規制緩和の一環として、保険料は各保険会社が独自に決めています。一般的に見て国内生命保険会社の保険料と比べ、いわゆるカタカナ生保の保険商品には割安な保険料のものもあります。国内生命保険会社の保険に加入している人が保険を見直す場合には、保障内容を変えずに他社の安い保険料のものに切り替えることを検討してみるのも一つの方法です。

　もちろん保険料は加入時の年齢によって高くなっていくのが普通ですが、加入して間もないものや更新時の見直しには有効な場合があります。最近では、インターネットを通じて各社の保険料を比較することも容易にできます。

10 保険を見直すときの商品選びのポイント2

生命保険の見直しでは、保障内容の上乗せや追加、さらに契約の転換が必要になってくる場合もあります。「必要な時期に必要な保障を」というポイントは変わりませんが、それぞれにどのような注意が必要なのか見ていきましょう。

中途増額と特約の中途付加・変更

生命保険を見直して保障内容を適切なものにする方法として、中途増額、特約の中途付加・変更などがあります。

CASE 1

独身時代（30歳）に加入した60歳払込み満了となる定期付終身保険の見直しを考えています。

加入当初は、終身保険部分1,000万円、定期保険特約部分も同じく1,000万円でした。その後結婚してこどもが生まれると、万が一の保障として2,000万円という死亡保険金では不足する時期がくることが予想されます。こどもが成長して高校、大学に入学して卒業するまでの期間などは定期保険特約の保障を2,000万円に増額する必要があるかもしれません。

このようなとき、生命保険の中途増額という方法をとるほうが、契約を転換するよりも一般に安くすみます。終身保険の1,000万円と定期保険特約の1,000万円については従来の保険料のままで、1,000万円の増額部分についてだけその年齢時点での特約保険料が上乗せされるからです。

利用条件の詳細は保険会社によって異なり、増額する時点で告知や医師による診査が必要となりますが、契約を転換して保険料を増額するよりも有利な方法です。

●特約の中途付加・変更

特約の中途付加や変更は、家族のライフサイクルによる保障の見直しに有

効な方法です。

　ベースとなる主契約の終身保険をそのままにして、災害入院特約や疾病入院特約などを付加することが一般的です。特約には本人だけでなく、家族を保障するタイプもあります。

契約転換を有効に利用するときの注意点

　生命保険の契約転換は、同一の生命保険会社で、現在の保険契約を下取りしてもらい、解約返戻金や積立配当金などを新規に加入する保険料にあてる方法です。

　現在の保険契約の積立部分や解約返戻金などを新規契約の保険料の一部に充当するために、保険料の負担を軽くすることができます。既契約から新規契約に乗り換えるため、イメージとして自動車の下取りと同じように見えますが、保険の下取り（契約転換）の場合にはいくつかの注意点があります。

●契約転換の注意点

・契約を転換するということは、その時点で新規に保険加入することになるので、加入時の予定利率が適用されます。予定利率が高かった頃の保険を転換するのは慎重になる必要があります。
・新規の保険加入と同様になるため、健康状態についての告知や医師による診査が必要となります。このため、健康状態によっては加入できない場合も起こり得ます。
・転換前の保険加入時より被保険者の年齢が上がっているため、転換前の保険と比較して転換後の保険料は一般に高くなります。保険料を低く抑えるためには、保障内容を見直して低くするか、終身保険部分を減額して定期保険に切り替えるなどの必要があります。

One Point　解約せずに保険料を安くしたいときには

　家計の保険料負担を抑える目的であれば保険を解約するのも一つの方法ですが、解約をせずに保険料を安くしたいときには払済保険（P.104）や延長保険（P.106）、中途減額（P.108）などの方法を用いてみましょう。払済保険や延長保険の場合には以後の保険料払込みが不要になりますし、中途減額の場合には払込保険料が減額されます。生命保険会社によって詳細は異なりますが、保障内容をよく検討して効果的な見直しをしてください。

保険法の制定 (平成22年4月1日から施行)

商法第2編第10章の保険契約に関する規定が、保険法という新しい法律になりました。

1 生命保険についての主要な改正点

商法 （明治32年法律48号）	保険法 （平成20年法律56号）
☆保険契約者等の保護が不十分 （例） ①契約者側からの自発的な告知が必要	☆保険契約者等の保護 ①契約締結時の告知についてのルールを整備 ・告知義務を保険者からの質問に応答する義務に変更 ・保険募集人による告知妨害等があった場合のルールを新設
②保険金の支払時期についてのルールがない。	②保険金の支払時期についての規定を新設 　適正な保険金の支払に必要な調査のための合理的期間が経過した時から保険者は履行遅滞の責任を負担
③法律の規定よりも約款が優先	③片面的強行規定の導入 　法律の規定よりも保険契約者に不利な内容の約款の定めは無効
☆保険金受取人の変更ルールが不明確	☆保険金受取人の変更ルールの整備 　保険金受取人の変更の意思表示の相手方は保険者であること、遺言による受取人の変更も可能であること等を明文で規定
☆モラルリスクの防止が不十分	☆モラルリスクの防止 　重大な事由があった場合に保険者が契約を解除できる規定を新設

2 保険法の適用

保険法の規定は、原則として、保険法の施行日以降に締結された生命保険契約に適用されることとしていますが、保険金の支払時期の規定等一部の規定については施行日前に締結された生命保険契約にも適用することとしています。

（本稿は、法務省、公益財団法人生命保険文化センターホームページを参照しました。）

PART 4

生命保険の加入から
受け取りまで

保険法の規定に基づき解説します。平成22年3月31日までに締結された生命保険契約は一部異なるところがあります。なお、令和2年4月に民法の一部を改正する法律（債権法改正）が施行され、「錯誤」や「債権の消滅時効」、「申込者が死亡した場合等」に関する改正が行われました。契約内容についての具体的な改正点は、各保険会社に詳細をご確認ください。

① 生命保険加入時の注意事項

　　セールスレディの強引な勧めでやむなくとか、友人知人の義理で生命保険に加入し、あとで悔やむことがよくあります。

　　そのようなことが起こらないように、加入する際の注意事項をあげてみましょう。

生命保険を選ぶ4つのポイント

生命保険に加入する目的

自分の老後の生活安定のためか、自分が死んだ後の妻やこどもたちの生活の安定を図るのかなどを考えます。

受取人を誰にするのか

受取人の選択、変更は自由、受取人の承諾も不要です。

しかし、受取人を誰にするのかで自分にとって必要な生命保険が決まるはずですから、加入時にしっかりと考えましょう。

生命保険の種類を決めよう

生命保険には、大きく分けて終身、定期、養老の3つの保険があります。

保険商品は保障内容、保障金額、特約がポイント

保険の外交員から渡されるパンフレットを読む場合、保障内容、保障金額、特約の3つに注意すれば間違いありません。

加入する保険を決めたら条件、内容の確認を

どこの生命保険も定型的なものですから、条件、内容自体は安心できるものですが、生命保険に加入してから、自分の考えと違っていたりした場合でも、保険約款に定めがある限り、訂正・取り消しなどはできません。

そのため、保険約款を読んでいないためのトラブルが起きています。

●配当金についても考える

配当金の額は、保険会社、保険の種類ごとに違います。

配当金の受け取り方も、積み立て、保険料との相殺、保険の買い増し、現金受け取りなどの方法があります。保険約款ではどうなっているのか確認しましょう。

●自分の健康状態を考える

健康状態によっては加入できない保険があります。

加入時には、自分の健康状態を告知しなければなりません。告知しないときは、保険金が支払われない場合があります。

One Point　生命保険を選ぶにはまず基本的な保険用語を知ろう

特　　約	主契約と異なる特別な約束をする目的で、主契約に付するもの
保 険 証 券	契約した保険金額などの契約内容を具体的に記載したもの
保 険 契 約 者	保険会社と保険契約を結び契約上の権利義務を持つ人
被 保 険 者	生命保険の対象として保険がつけられている人
保険金受取人	保険金を受け取る人
保 険 金	被保険者の死亡や満期などに支払われるお金
保 険 料	保険契約者が払い込むお金
配 当 金	保険会社の毎年の決算により生じた剰余金から保険契約者に支払われるお金

② 保険約款は契約条件、内容を定めたもの

生命保険加入時に渡される保険のしおりに保険約款が記載されています。ところが、保険約款は文字が細かく、言葉もわかりにくいのでつい読まないままになっています。しかし、保険約款は保険の条件、内容を決定する極めて重要なものなのです。

生命保険の保険約款とは

生命保険は保険会社と加入者との間の合意によって成立する契約であり、生命保険の種類ごとの契約条件、内容を定めたものが保険約款です。保険会社が金融庁長官の認可を受けて作成したもので、加入する際、加入者に渡されます。

●保険約款ではどんなことが定められているか

保険法には生命保険の規定がありますが、保険約款で法律の定めを拡張したり、限定したりすることは法律の定めの趣旨に反しないかぎり認められます。

保険約款の内容	
	保険会社の責任開始期日
	保険金の支払い
	保険契約の無効および解除
	保険料の払込み
	配当
	保険契約の解約および払戻金
	保険契約の内容の変更
	契約者に対する貸し付け

●読んでいないからといって知らないとはいえない保険約款

一般に契約は当事者が合意した内容に限って拘束力が生じますが、保険契約は内容を読んでいなくても拘束されてしまいます。

理由　保険契約は大勢の人との間に結ばれるものですので、保険契約の条件、内容をいちいち個別的に決めることは事実上できませんし、一般の人々が保険会社を相手に交渉することも困難だからです。

CASE 1

Aさんは、2年半前に死んだご主人の遺品を
整理していたところ、Aさんを受取人とした
ご主人の保険証券がでてきました。Aさんは
法律を学んでいましたので、商法に保険金請
求権は2年で消滅時効にかかり請求できなく
なるという定めがあるのを知っていました。
そのため、請求することを諦めてしまいまし
た。

平成22年3月31日までに締結した生命保険契約の保険約款では、保険金請求
権の消滅時効を3年に延期していました。したがって、Aさんは3年以内で
あれば保険金を請求できたのです（現在の保険法では、消滅時効を3年と規
定しています）。

CASE 2

○○に住んでいるAさんは、保険外務員が地
震でも大丈夫というので奥さんを受取人にし
て災害特約付生命保険に加入しました。とこ
ろが、運悪く神戸の大地震で死亡してしまい
ました。奥さんは災害割増特約に基づいて保
険金を請求しましたが、保険会社は割増分を
支払ってくれません。奥さんは納得がいかな
いようです。

一般に、保険約款では、地震の場合、災害特
約の範囲外としています。地震の場合も保障
されるためには、特にその定めがある保険に
加入することが必要です。

※平成23年3月11日の東日本大震災
では、生命保険協会は、地震によ
る免責条項の不適用を決定してい
ます。

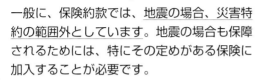

保険会社に対する経営破たん対策

　保険業法では、経営破たんに陥った保険会社の場合、保険金額の削除など契約条件
が変更できるようになりました。

(3) 生命保険に加入する窓口

　生命保険に加入するきっかけは保険のセールスレディに説得されてというのが大多数です。保険のセールスレディを保険外務員と呼びますが、どんな権限を持っているのか、どんな義務を負っているのか考えてみましょう。

保険外務員の仕事

　保険外務員は保険会社に雇われたり、委託契約を結んだりして、保険会社のために保険への加入の勧誘をする仕事をしています。

　保険外務員は、保険会社の使者として一般契約者に接していますが、当然保険会社を代理する権限はありません。

　しかし、一般契約者は、保険外務員を即、保険会社と考えて保険に加入しているので、トラブルが生じる可能性がでてくるのです。

　そこで「保険募集の取締に関する法律第16条」では、保険外務員の生命保険契約の締結または募集に関して行われやすい不公平な行為を禁じ、誠実に業務を遂行するように、禁止される行為をあげているほか、取締規定を定めています。

生命保険契約と保険外務員

CASE 1

保険外務員から「解約するときは払い込んだ保険料を全額返還するので、ぜひ生命保険に加入してほしい」と勧められたので、加入しました。ところが、後で全額返還されるわけではないことを知りました。

CASE 2

保険外務員から「生命保険に加入したらすぐに保険会社から融資を受けられる」といわれ、保険に加入しました。ところが加入した後に、すぐには融資が受けられないことを知りました。

1．これは虚偽の説明をすることにあたり、法律上禁止されている行為です。保険外務員は1年以上の懲役または100万円以下の罰金に処せられます。

2．保険外務員がこのような勧誘方法を用いた場合、詐欺にあたりますので、生命保険契約自体を取り消すことができると考えられます。

3．保険契約者に損害が生じた場合は、外務員に対する不法行為責任の追及、保険会社に対して損害賠償責任の追及という手段があります。

保険業法300条1項、317条の2・4号、民法第715条使用者責任

One Point　本文以外に禁止されている行為

本文以外に禁止されている行為	勧誘している生命保険について重要な事項を省略したり、都合のよい部分だけを説明すること
	契約者、被保険者に対して、保険会社に告知すべき事項について告知しないように勧めること
	保険契約の締結に際し、金品そのほかの利益を提供することを約束したり、保険料の割引、割戻をするような行為
	すでに成立している生命保険契約を不当に消滅させて、新契約の申し込みをさせる行為

④ 保険金受取人の指定と変更

　保険契約者以外を保険金受取人とする契約は、いわゆる他人のためにする生命保険契約です。保険金受取人を誰にするか、また契約後に変更することのいずれも自由にできます。遺言によらずに特定の相続人に財産を残そうと思ったときは、生命保険の利用が考えられます。受取人の指定と変更について見てみましょう。

受取人の指定

受取人の指定

受取人を誰にするかは自由
受取人の承諾も不要
会社を受取人とすることもできる
受取人は1人である必要はない

受取人の指定方法

具体的に受取人の氏名を表示する方法
抽象的に「被保険者の法定相続人」と表示する方法

受取人の変更

CASE 1

私は、保険金受取人を両親として生命保険に加入しましたが、結婚したので受取人を妻に変更したいと思いとます。
変更は自由にできるのでしょうか。手続きはどのようにしたらよいのでしょうか。

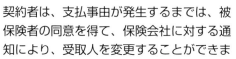

契約者は、支払事由が発生するまでは、被保険者の同意を得て、保険会社に対する通知により、受取人を変更することができます。なお、遺言によって受取人を変更することも可能です（保険法43条）。

●変更の手続き

　受取人を被保険者の同意を得て変更できるとしても、保険会社としては誰が受取人かを常にわかっていなければ、保険金をスムーズに支払うことができません。

　そこで、受取人を変更する際には、保険会社が指定する名義変更請求書と保険証券を保険会社に提出することになっています。

　保険会社はこの手続きが終了しない間は、旧受取人に保険金を支払えば責任を免れることになります。この場合、新受取人は、旧受取人に保険会社から支払われた保険金の引き渡しを求めなければなりません。

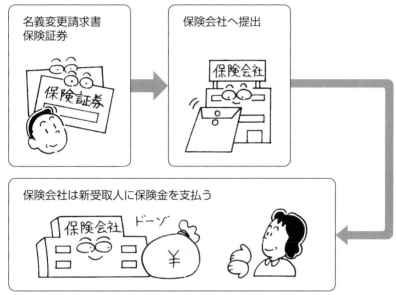

One Point　　「妻・○○」という指定の意義

　たとえば、山田一郎さんが生命保険の受取人を「妻・山田花子」と指定した後で花子さんと離婚した場合、一郎さんが死亡した後で花子さんは保険金を受け取ることができるのでしょうか。実際、この問題は最高裁判所まで争われました。

　この事案では離婚の原因は花子さんの不貞でしたが、最高裁はこの受取人の表示は、妻であることを受取人の条件としたものではなく、山田花子個人を特定したものであるとして、保険金の請求を認めました。受取人の変更ができたはずであるにもかかわらず、それをしなかったというのが判断の背後にありました。

5 告知義務に違反したらどうなる

　生命保険加入時には告知義務があります。これに違反すると保険金が支払われないことになります。

　告知義務とはどういうものか、告知義務に違反するとどうなるのかについて見てみましょう。

告知義務について

告知義務	生命保険契約を結ぶに際して、保険契約者または被保険者は、保険会社が、病歴や健康状態など「重要な事項のうち、告知を求める事項について」、事実を告げなければなりません。これを「告知義務」と呼んでいます。
告知義務者	告知義務を負うものは、契約者および被保険者です。
告知の方法	医師の健康診断を受けない保険契約の場合には、告知書（告知欄）に記載します。
	医師の健康診断を受ける保険契約の場合には、医師が告知書（告知欄）に基づき質問した事項について答えていきます。

● どんな場合に告知義務に違反するか

告知義務違反とは病歴や健康状態などの重要な事実について黙っていたり、嘘を告げることです。

または

自分で意識的に黙っていたり、嘘をついたり、あるいは少し注意すればわかるのに間違ったことを告げてしまった場合です

➡ 悪意重過失になる

告知義務に違反した場合

　告知義務に違反すると保険会社は保険契約を契約締結の時から5年間解除することができます。

　保険事故発生前後を問わず、告知義務に違反して解除された場合、保険金は支払われません。

CASE 1

Aさんは、生命保険に加入する際、保険会社から告知書で質問されているにもかかわらず高血圧で病院に通っていたことを告知しませんでした。後で人に聞いたところ告知義務に違反するということですが…。

⬇

告知義務に違反したことになり、保険金は支払われないことがあります（次項参照）。

One Point　　保険契約の解除とは

　保険契約の解除とは、保険契約をはじめからなかったものにすることです。はじめから保険契約が結ばれていないことになるわけですから、無効となります。

6 告知義務違反の解除の要件

　前項で見たとおり、告知義務違反は保険契約の解除になり、保険金が支払われないことになります。しかし、告知義務に違反したからといって、すべての場合に保険会社は契約を解除できるものではありません。解除の要件について見てみましょう。

告知義務違反として解除される場合

CASE 1

私は、生命保険に加入する前に胃が痛かったのですが、胃腸薬を飲んだところ治ってしまいました。保険会社からは胃潰瘍について告知を求められていましたが、単なる食べ過ぎだろうと思って、それを告知しませんでした。ところが保険に加入した後に胃潰瘍と診断されました。このような場合、告知義務に違反するのでしょうか。

⬇

告知義務違反で解除するには、告知義務者に悪意または重過失があることが必要です。

悪　意	告知すべき重要な事項であることを知っていた場合
重過失	告知すべき重要な事項であることを少し注意すれば知り得た場合

　このケースでは、胃腸薬を飲んで治ってしまったのですから、悪意、重過失とはいえないと考えられます。

　ただし、保険約款では、保険契約申込後、第1回保険料払込みまでに健康状態に変動があった場合、告知義務が生じると規定されているのが通常です。したがって、その期間内は告知義務があることになります。

CASE 2

私は、心臓が悪くて病院に通っていました。保険会社からは心臓病について告知を求められていましたが、そのことを告知せずに生命保険に加入し、5年半保険料を支払っています。友人に聞いたら告知義務に違反するということですが、保険会社から契約を解除されてしまうのでしょうか。

保険法および保険約款には、次の場合に保険会社の解除権が消滅し、解除できなくなると定められています。

①保険契約をした日から5年を超えて保険契約が継続した場合

②保険会社が告知義務違反で解除できることを知った日から1か月以内に解除しなかったとき

③告知義務違反に基づかないで保険事故が発生したことを受取人が証明できたとき

したがって、本件の場合には保険会社は解除できないことになります。ただし、保険に加入する際、替え玉を使って医師の診査を受けた場合や、不治の病で死ぬことがわかっていたのにそのことを告げないで生命保険に加入した場合等、告知義務違反の程度が大きい場合には「詐欺」にあたりますので、保険金は一切支払われないことになります。その場合は払込済の保険料も返還されません。

One Point　告知義務違反事実に基づかないで保険事故が発生したことを受取人が証明できたとき

質問　私の父は、胃がんであることを保険会社に告知せずに1年ほど前に生命保険に加入しましたが、つい先日交通事故によって死亡してしまいました。この場合も保険金は支払われるのでしょうか。

2023年5月1日　　　　　　　　　　　　　　　　　　2024年5月1日
　　　　　　　　　　　　　　　　　　　　　　　　　　　死亡
生命保険加入

回答　告知義務違反があれば解除できるのが原則ですが、保険事故の発生が告知された不実または不告知の事実に基づかないことが証明されたときは、保険会社は解除できず、受取人は保険金の支払いを請求することができます。ただし、告知義務違反が詐欺になる場合には、保険金は支払われません。

7 告知義務違反になる場合

告知義務違反は「重要な事項」について生じます。

それでは、どのようなことが告知すべき「重要な事項」にあたるのか、また、どこまでが告知義務の範囲に含まれるのか、具体的な例をあげて見てみましょう。

告知すべき「重要な事項」とは

告知すべき「重要な事項」とは、保険契約を締結する際、将来の危険度を判断するような事項のことです。具体的に「重要な事項」とは、被保険者の年齢、職業、最近の健康状態などです。

保険会社と被保険者が、保険契約を結ぶときや契約内容を決定するときには、保険契約者および被保険者は保険会社に「重要な事項」を告知しなければなりません。

具体的な例	被保険者の年齢、職業、最近の健康状態、過去5年以内の既往症、身体の傷害など

CASE 1

生命保険に加入する際、保険料が安くなるので年齢を2歳若く告知してしまいました。保険会社に訂正を申し入れたいのですが、可能でしょうか。

被保険者の年齢は告知すべき重要な事項に該当します。誤った告知をした場合の処理は、次の2種類に分けられます。

●実際の年齢が保険会社の定める契約年齢の範囲外の場合

たとえば、約款の保険料表によると70歳が契約年齢の限界ですが、実際の年齢が72歳の場合には保険契約は無効です。その際、すでに払い込まれた保険料は返還されます。

契約年齢の範囲外　　　　　　保険契約は無効　　　　　　払込済保険料を返還

●実際の年齢が保険会社の定める契約年齢の範囲内の場合

保険会社に訂正を申し出ることができます。その際、実際の年齢に基づいて保険料を更正し、すでに払い込んだ保険料のうちの不足分が改めて請求されます。

保険料の更正　　　　　　　　　　　　　　保険料の不足分を請求

CASE 2

生命保険に加入する際、失業中でしたので、設計事務所に勤務していることにしてしまいました。告知義務違反となるでしょうか。

↓

告知すべき事項には含まれません。生命に関する危険測定に無関係な職業の詐称は、重要な事項にあたらないからです。

 One Point　　**告知すべき事項かどうかの裁判例**

告知すべき事項にあたるとされた例	・被保険者がほかの保険会社から保険契約の締結を拒否された事実 ・入院を勧告され、かつ入院の予約をした事実
告知すべき事項にあたらないとされた例	・小学校の教員であるところを貿易商と偽った事実 ・ほかの保険会社と生命保険契約を締結した事実

8 保障開始時期はいつから？

　生命保険加入の申込みをしても、保険会社は直ちに契約上の責任（保険金・給付金の支払いなど）を負うわけではありません。保障開始時期がきてからはじめて責任を負います。それでは責任開始時期はいつからはじまるのか具体的に見てみましょう。

保険会社の責任開始時期

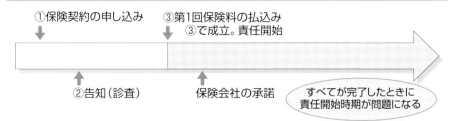

①保険契約の申し込み　③第1回保険料の払込み
③で成立。責任開始

②告知（診査）　保険会社の承諾

すべてが完了したときに
責任開始時期が問題になる

　保険契約には告知書による契約（医師の診査を行わない契約）と医師の診査による場合の2つのケースがあります。

　以下2つのケースについて考えてみましょう。

●告知書による契約（医師の診査を行わない契約）の場合

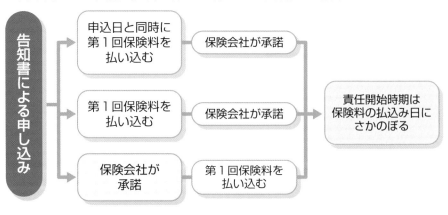

告知書による申し込み

申込日と同時に第1回保険料を払い込む　保険会社が承諾

第1回保険料を払い込む　保険会社が承諾

保険会社が承諾　第1回保険料を払い込む

責任開始時期は
保険料の払込み日に
さかのぼる

●医師の診査による契約の場合

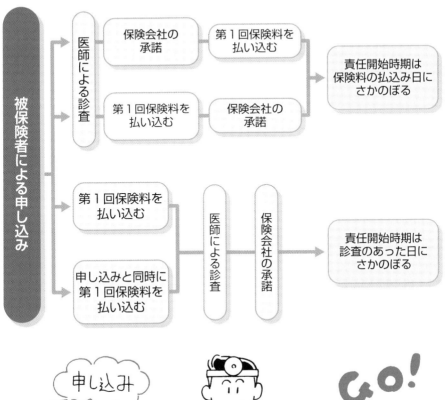

9 保険の申し込みを撤回したい
―クーリングオフ―

　生命保険を申し込んだ後で、勘違いしていたことに気がついたり、必要がなくなったりした場合、保険の申し込みを撤回することができるのがクーリングオフという制度です。

　クーリングオフとはどんな制度でしょうか。

クーリングオフは消費者の味方

CASE 1

私は、つい先日生命保険に申し込み、第1回保険料を昨日払い込みました。しかし、契約内容について誤解がありましたので、申し込みを撤回したいと考えています。撤回できるでしょうか。

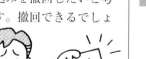

保険会社の指定する医師の診査を受ける前であれば、申し込みをした日から8日以内に、保険契約の申し込みを撤回することができます。この制度をクーリングオフといいます。

撤回の方法	保険会社宛に郵便により申し込みを撤回します。 書面の内容としては、①契約者の住所・氏名、②領収証番号、③担当外務員の氏名などを書き、申込書に使用した印を押して、本社または支社に郵送します。郵便は内容証明郵便によるのが確実です。
撤回できる期間	保険会社からクーリングオフの内容が記載された書面の交付を受けた場合に、その交付を受けた日と申し込みをした日とのいずれか遅い日から起算して8日以内。
撤回の効果	保険契約はなかったことになり、払い込まれた保険料全額が返還されます。

クーリングオフが適用されない場合もある

CASE 2
保険会社の指定する医師の診査を受けましたが、その場合も申し込んだ日から8日以内であれば、生命保険の申し込みを撤回することができますか。

医師の診査を受けた後はクーリングオフの制度は適用されません。したがって、撤回することはできません。

※保険契約者が、保険会社の営業所等で保険契約の申し込みをした場合も撤回することはできません。

One Point　クーリングオフ制度とは？

　契約締結後、一定期間内に、消費者が無条件で申し込みの撤回または契約の解除ができる制度をクーリングオフといいます。本来は訪問販売について消費者の保護を図るための制度です。

　特定商取引に関する法律第9条には、契約を証する書面を受け取った後、8日以内であれば、書面を発行することにより契約申し込みの撤回もしくは契約の解除ができる旨が定められています。

　契約はいったん申し込んだり、契約をしてしまうと、一方的に契約を解消することはできません。しかし、訪問販売やキャッチセールスなどの場合、消費者がよく考えずについ契約の申し込みをすることが多いため、消費者保護のために契約締結後一定期間内に申し込みの撤回または契約の解除ができる制度が設けられたのです。このクーリングオフ制度は、生命保険契約にも適用されています。（保険業法309条1項、保険業令45条）。

10 保険料の払込方法と猶予期間

　生命保険契約が成立すると保険料の支払義務が発生しますが、保険料の払込方法にもいろいろあります。また、保険料の払込みには、猶予期間も設けられています。

　保険料の払込方法と払込みの猶予期間について見てみましょう。

保険料の払込みにもいろいろある

　保険料の払込みについては、①払込みの期間、②払込みの方法（回数）、③払込みの方法（経路）が問題となります。

保険料払込みの期間		いろいろな払込方法（回数）		
全期払い	保険期間の全期間にわたって、保険料を払い込む方法	月払い、半年払い、年払いのどの方法で払い込むかは保険契約者が選択できる（全期払い、短期払いの場合）		
短期払い	保険期間より短い期間に保険料を払い込む方法	払込方法	一時払い	保険期間中の全保険料を一時に払い込む方法（所定の割引あり）
			保険料の前納	払込期日の到来していない将来の保険料の一部または全部をまとめてあらかじめ支払うことができる

保険料前納のメリット

保険料を一定期間まとめて前納すると、保険料は保険会社所定の利率によって割り引かれます。お金に余裕があるのなら、2～3年分の保険料を前納すると、分割して支払う場合よりも保険料が少なくなりますので有利です。

　払込みの経路についても、保険契約者は自由に選択できます。

払込方法（経路）	自動口座振替	保険契約者の口座から自動的に保険会社の指定した金融機関等の口座に振り替える方法です
	振替送金	保険会社の指定した金融機関などの口座に保険料を送金する方法です
	持参払い	保険会社に直接保険契約者が保険料を持参して支払う方法です
	集金	保険会社の集金人に保険料を支払う方法です
	団体払い	保険契約者が所属する団体を通じて払い込む方法です この方法は所属団体と保険会社の間に、保険の団体取扱契約が結ばれている場合に可能となります

　通常は自動振替による方法が行われています。保険契約者が勤務している会社が団体保険に加入していますと、会社からの給与引き落しという簡便な方法がとられることもあります。また、払込方法(回数)は通常は月払いですが、年払いが最も割引になります。

保険料払込みの猶予期間

　保険料が、なんらかの理由で払込期日までに支払われなかった場合でも、直ちに保険契約の効力が失われるわけではありません。払込期日を経過した後でも一定期間の猶予期間を設け、この猶予期間内に保険料の払い込みがあれば、払込期日に支払われたものとみなして保険契約は有効に継続することになります。

　払込猶予期間は保険料払込方法(回数)によって、下記のようになっています。

　ただし、保険約款によっては、払込方法による区別をしない場合もあります。

| 月払いの場合 | 払込期とされている月の翌月初日から末日まで |
| 半年払い、年払い | 払込期月の翌月初日から翌々月の月単位の契約応当日まで |

●払込猶予期間中に被保険者が死亡した場合の取り扱い

　猶予期間中に被保険者が死亡した場合、保険契約は猶予期間中であれば失効しませんので、保険金が支払われます。未払保険料は保険金額から差し引かれることになります。

●払込猶予期間が経過すると保険契約は失効する

　猶予期間経過後も保険料の支払いがない場合は、生命保険契約は失効します。

　解約返戻金を受け取るか、復活の手続きをとって有効な契約に戻すか、いずれかの方法を選択しなければなりません。

One Point　　保険料のしくみ─収支相当の原則─

　生命保険では、保険契約者全体が払い込む保険料総額と、保険会社が受取人全体に支払う保険金の総額とが相等しくなるように決められています。

　これを収支相当の原則と呼んでいます。

　保険料は1人当たりの死亡保険金と予定死亡率、予定利率、予定事業費率の3つの予定率に基づいて計算されています。

11 保険料が支払えなくなった、どうしたらよいか

　一時的な失業などの経済的な理由で、保険料の支払いが困難となる場合があります。そんな場合、長い間払い込んでいた保険を失効させるのは得策ではありません。

　なんとか保険を継続する方法はないでしょうか。

一時的に保険料の支払いが困難となった場合

●自動振替貸付

　自動振替貸付は、保険料の払い込みが困難となった場合に、保険を継続するために、保険料を立て替えてもらう制度です。

　保険料が猶予期間満了日までに払い込まれなかった場合、保険会社が保険料の自動貸付を行います。

自動振替貸付が行なわれるための条件
(1)保険契約者からあらかじめ反対の申し出がないこと
(2)その保険契約の解約返戻金が、未払い保険料とその利息の合計額より多いこと

　この貸付金には保険会社が定める利息が付されますが、保険契約者はいつでも貸付金を返還できます。貸付金を返還しないまま保険金が支払われる場合には、未返済の貸付金の分は差し引かれます。

保険料を減額して継続する場合

●保険金額の減額

保険料の負担を軽くして契約を継続する方法として、保険金額を減額することができます。

減額する部分の契約を解約するもので、一部解約にあたります。解約された部分について解約返戻金があれば返還されます。

保険料を支払わずに契約を続けたい場合

●払済保険、延長（定期）保険

払 済 保 険	保険料の払込みを中止したときの契約返戻金を一時払いの保険料として、養老保険もしくはそれまでの保険と同種類の保険に変更することができるというものです 保険金額はそれまでの保険よりも少なくなります
延長（定期）保険	保険料の払込みを中止したときの解約返戻金を一時払いの保険料として、定期保険に切り替えたものです

変更前の保険契約への復旧

払済保険、延長保険へ変更後、保険会社の定める期間内（2年ないし3年以内）であれば、保険会社所定の手続きにより、もとの契約に復旧することができます。この場合、特に「復活」と区別して「復旧」と呼びます。

12 保険契約の失効と復活

　加入していた保険契約が失効してしまった場合でも、保険料が支払えるようになれば、保険契約を復活してもとの有効な状態に戻すことができます。どんな場合に保険契約が失効するのか、また復活とはどのような制度なのか見てみましょう。

保険契約の失効

●保険契約が失効するのはどんな場合か

　①保険料払込みの猶予期間が満了しても保険料の払い込みがなく、かつ、②保険料の自動振替貸付も行われない場合、保険契約は失効します。

●保険契約が失効するとどうなるのか

　保険契約が失効すると、失効の日から保険契約の効力が失われ、保険会社は保険金の支払義務を負わないことになります。

　保険契約者は、解約返戻金を受け取るか、復活の手続きをとるか、いずれかの方法を選択することができます。

保険契約の復活

●保険契約の復活とはどんな制度か

　それまで加入していた生命保険契約が失効した場合、失効後一定期間内であれば（保険会社によって異なりますが、通常は3年）、保険会社の承諾を得て、それまでの延滞保険料を払込み、保険契約を有効な状態に戻すことができます。これを保険契約の復活と呼びます。

　ただし、保険契約の失効期間中に保険事故が生じた場合、保険会社は責任を負いません。

復活の際の責任開始時期	責任開始時期は、失効中の延滞保険料が保険会社に支払われたとき、または被保険者に関する告知が保険会社になされたときのいずれか遅いときからとされています。
復活の方法	復活の申し込みがあれば、保険会社は加入時と同様に告知の手続きをとることになります。したがって、保険会社の指定した医師の診査が必要となる場合があります。
復活ができない場合	保険契約の失効の際、解約返戻金を受け取った場合は復活を申し込むことはできません。

One Point　　復活にあたって注意すべき点

①告知義務に注意
　復活の際にも、加入時と同様に告知義務が保険契約者に課されます。告知義務に違反すれば、契約が解除され、保険金が支払われないことになります。
②2年以内（保険約款による）の自殺は保険金が支払われない
　加入時と同様、復活の責任開始時期から2年以内の自殺は保険金が支払われません。

13 保険期間中お金が借りられる
―契約者貸付―

いろいろな理由で、一時的にお金が必要になるときがありますが、生命保険に加入していると、解約返戻金の範囲内で保険会社からお金を借り入れられる契約者貸付という制度があると聞きました。どんな制度でしょうか。

契約者貸付制度とは

契約者貸付とは、保険契約者が一時的に資金を必要としたときに、解約返戻金の一定範囲内で保険会社が貸付を行う制度です。その内容は保険約款に定められています。

契約者貸付は住宅ローンを組むときや事業資金が必要になったときに便利な制度です。

ただし、契約者貸付は便利な制度ですが、借入利率が高く設定されています。また、期限がないのでついつい長く借りてしまいます。借りっぱなしにすると万が一の時に支払われる保険金の金額が必要額以下になってしまいます。将来一時的に資金が必要と予想できる場合には、貯蓄型の保険ではなく掛け捨て型の保険にして貯蓄型との差額を預金で積み立てることをお勧めします。

貸付の対象	保険契約者のみ。被保険者や受取人は貸付を受けることができません。
貸付の範囲	解約返戻金の範囲内です。保険会社の保険約款に定められていますが、通常は解約返戻金の9割以内です。
利　　息	保険会社の定める利率によります。

●契約者貸付を受けている場合でも配当は受けられるか

契約者貸付を受けているかどうかにかかわらず、配当は受けられます。

●返済期限はいつまでか？

返済期限は特に定められていません。

満期、死亡、解約までに返済が終了していないときは、保険金から借入金の元利合計が差し引かれて支払われます。

One Point　　**期限の定めのない金銭消費貸借契約**

　お金の貸し借りを民法では金銭消費貸借と呼んでいます。一般にいわれる借用書は正式には金銭消費貸借契約書といいます。契約者貸付も金銭消費貸借契約の一種で、利息やそのほかの条件が保険約款で定められています。

　例えば、あなたが、友人に100万円を、利息や返済期限も決めずに貸した場合、利息や返済期限はどうなるのでしょうか。

　民法では、利息の定めがない場合には利息が付されませんが、貸主からいつでも返済を請求できるとしています。貸主は、相当の期間を定めて借主に返済を求めることになります。

14 生命保険契約はいつでも解約できる

生命保険契約に加入していても、途中で加入を継続する必要性がなくなることがありますが、そのような場合、生命保険契約はいつでも解約できます。

解約の手続きの方法と、解約後について見てみましょう。

解約は自由

CASE 1
私は妻を受取人として生命保険に加入していましたが、先日妻と離婚しました。私たち夫婦にはこどもがなく、生命保険に加入している意味がなくなりましたので、保険契約を解約したいと思っています。解約は自由にできるのでしょうか。また、解約したら、今まで払っていた保険料はどうなるのでしょうか。

保険契約者は、いつでも保険会社に申し出て、保険契約を解約できます。

解約に特別の制限はありませんので、保険会社は保険契約者からの解約の申し出に応じなくてはなりません。

保険契約を解約すると、今まで払った保険料は返還されませんが、解約返戻金が支払われます。

解約返戻金

解約返戻金とは、被保険者のために積み立てた責任準備金から一定額（解約控除金）を差し引いた残りの金額です。保険契約が解約されたときに、保険契約者に返還されるものです。

責任準備金	保険会社が将来の保険金などを支払うために、保険料の中から積み立てられるものです。責任準備金は、保険契約者の共同準備財産となるものです。
解約返戻金	保険期間、契約年齢、加入年数などによって、額が異なってきます。なお、払い込まれた保険料の一部が死亡した者の保険金として支払われたり、会社が契約を維持する費用にあてられるため、解約返戻金の額は、通常、払込済保険料の額よりも少なくなります。

One Point　生命保険を継続する方法のまとめ

保険料の支払いが困難となったり、現在加入している生命保険が不要となった場合、生命保険を継続する方法についてまとめてみましょう。

契　約　転　換	それまでの契約を一定の条件のもとで、新しい契約に切り替える制度
自動振替貸付	保険会社が自動的に保険料を立て替える制度
払　済　保　険	一時払いの養老保険、もしくはもとの契約と同種類の保険に切り替える制度
延長（定期）保険	保険金を変えないで、一時払いの定期保険に切り替える制度
保険料の減額	保険期間の途中から保険料を減額する制度
契　約　の　復　活	失効した契約を復活させる制度

① 保険金請求権を差し押さえることができるか

保険金請求権も債権の一種ですから、譲渡、担保設定あるいは差し押さえが可能です。また、解約返戻金も差し押さえが可能です。

少し難しい問題ですが、具体的に保険金請求権の差し押さえについて見てみましょう。

保険金請求権は債権の一種

私は、友人に1,000万円を貸しておりますが、催促してもなかなか返してくれません。つい最近その友人が生命保険の受取人になったことを知りました。借用証書は公正証書にしておりますので、友人の保険金請求権を差し押さえたいと思っております。可能でしょうか。

1,000万円貸す
公正証書

フン!

友人を受取人と
する生命保険に
加入

保険事故の発生前後を区別して考えてみましょう。

保険事故
発生後

死亡保険では被保険者が死亡しますと、保険金受取人の保険金請求権が確定的なものになります。保険金請求権は具体的な金銭債権となり、通常の債権と同じことになります。

死亡　　　　　　具体的な保険金請求権発生　　　　差し押さえ可

保険事故発生以前

受取人が保険契約者の場合

保険契約者の解約返戻金請求権を差し押さえて、保険契約を解約することも可能です。
なお、保険契約者と被保険者が違う場合には、差し押え後に保険金受取の権利を移転する裁判所の転付命令を受ける場合には、その被保険者の同意が必要となります。

受取人が保険契約者以外の場合

通常、保険約款では保険契約者の受取人の変更、保険契約者の解約権が自由に認められています。したがって、この場合に差し押さえを認める実益はほとんどありません。

　実務上は、保険事故発生以前に解約返戻金請求権を差し押さえ、保険契約を解約して解約返戻金の支払いを受ける方法がよく行われます。

One Point　金銭債権の差し押さえの手続き

　債権とは、ある人がほかの人に対して、一定の行為や給付を求めることを内容とする権利を意味します。
　判決や公正証書に基づいて、裁判所に差し押さえを申し立てます。裁判所から差押え命令が出されると、相手方は、金銭債権を自由に処分することができなくなります。

② 配当金の受け取り方にも いろいろある

　生命保険の種類によっては保険会社から配当金が支払われますが、配当金の受け取り方にもいろいろあります。

　ここでは、配当金とは何か、配当金の受け取り方にはどのような方法があるのかを考えてみましょう。

配当金とは

　生命保険は、保険契約者からの保険料をもとに運用していきますが、剰余金が生じた場合、配当金として各保険契約者に返すことになります。なお保険によっては無配当保険もあります。

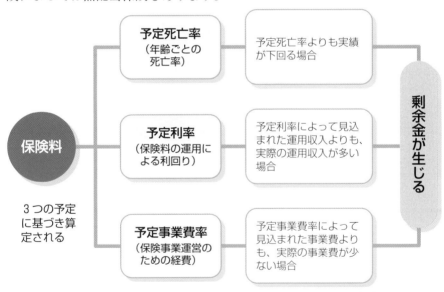

このような場合には
差益が剰余金となる

配当金の受け取り方

●配当金の支払時期

配当金は、通常契約後 3 年目から支払われます。配当金は保険会社の決算日に、契約日から 1 年を超える契約に対して支払われます。したがって、契約後 3 年目の契約応当日に配当金が支払われることになります。

●配当金の受け取り方

現　金　受　取	・現金で受け取る方法です ・団体保険では行われていますが、個人保険では限られています
積　立　配　当	・配当金をそのまま保険会社に積み立てておく方法です ・利息が複利でつきます ・保険期間中自由に引き出せるかどうかは保険会社、保険の種類によって、取り扱いが異なります
保　険　金　買　増	・配当金を一時保険料として保険契約の買い増しをして保険金を増額する方法です。 ・増額のたびに保障が高くなっていきます
相　殺　配　当	・保険料から配当金を差し引く方法です ・配当金は継続すれば増えていきますので、実質的な払込保険料は年々減っていきます

One Point　　**保険会社の決算日とは？**

保険会社の決算とは、一定期間の利益または損失を算出することです。その算出を行う日を決算日といいます。

決算日から次の決算日までの事業年度の中途に生命保険に加入しますので、配当金の支払いが 3 年目の契約応当日となるわけです。

③ 保険金は請求しなければ支払われない

　被保険者が死亡した場合、保険会社から保険金の支払いの通知が来るわけではありません。保険金は受取人から保険会社に請求があって初めて支払われます。

　それでは、どのような問題が生じるかケースごとに見てみましょう。

保険金の請求方法

　私の夫は、妻の私を受取人にして5,000万円の生命保険に加入していましたが、2か月前に死亡しました。生命保険会社から保険金の支払いの通知があると思って待っていますが何の連絡もありません。

① **まず、保険会社に連絡を！**

　保険会社は被保険者の死亡をいちいち調査することは不可能です。保険金は受取人から保険会社に請求しなければ受け取れないので、まず、保険会社に連絡することが必要です。

② **どんなことを伝えればよいのでしょうか。**

　保険証券を確認したうえで、加入している保険の契約者・被保険者の氏名・保険証券の番号を伝えることが必要です。

③ 私は書類を作ったりすることが苦手です。保険金の請求手続きは誰かに頼んだほうがよいのでしょうか。

そのような必要はありません。保険会社に連絡さえすれば、請求に必要な書類や用紙が送られてきますので、保険会社の指示に従って、手続きをすればよいのですから、面倒なものではありません。

あなたが書き込まなければいけない書類は保険金支払請求書ですが、保険会社から丁寧な指示がありますので、それに従って書いていけばよいでしょう。

〈死亡保険金の請求に必要な書類〉

保険金支払請求書
保険証券
最終の保険料払込みを証明する書類
医師の死亡診断書または死体検案書
被保険者と受取人の戸籍謄本
受取人の印鑑証明書

④ 保険会社に保険金の請求書類を送りましたが、保険金はいつ支払われるのでしょうか。

保険会社は調査のため特に時間を要する場合のほかは、必要書類が保険会社の本店に到達してから5日以内に保険金を支払うことになっています。

⑤ 仕事が忙しかったのでつい保険金の請求手続きをしないまま2年10か月が過ぎました。まだ保険金を請求できるのでしょうか。

保険金の請求権は、保険法では3年で消滅時効にかかると規定されています。各保険会社の保険約款も3年と定めています。したがって、3年以内であれば請求することができます。

One Point　保険金請求に必要な書類の入手先

医師の死亡診断書または死体検案書	被保険者が死亡した病院
被保険者と受取人の戸籍謄本	戸籍のある市・区役所、町役場 ※郵便小為替と返信用封筒を同封し、返送を依頼することも可能
受取人の印鑑証明書	印鑑登録をしている市・区役所、町役場

4 保険証券をなくしてしまった、どうしたらよいか

　保険証券を紛失してしまった場合、保険金の請求をするにはどうしたらよいのでしょうか。保険証券を紛失してしまった場合の対処方法を考えてみましょう。

　保険金の請求ができなくなるわけではありません。

保険証券とは

生命保険に加入

↓

通常1か月以内に保険証券送付

　法律では保険証券は保険契約者の請求により保険会社から交付されるものと定められています。しかし、実際の保険約款では「保険証券が当然に発行、交付される」と定められております。

保険証券	証拠証券	保険証券とは、被保険者にとって保険契約の成立とその内容を証明するもので、証拠証券と呼ばれています。
	免責証券	保険会社にとっても、保険証券と引き換えに保険金が支払われるものですから、保険金支払い義務の迅速・確実な履行の面において重要な機能を有するものです。

●手形・小切手との違い

　手形、小切手は権利の譲渡および行使に証券が必要な有価証券です。しかしそれに対して、保険証券は保険契約上の権利の譲渡および行使に必ず必要なものではありません。

保険証券をなくした場合の対処方法

● 保険事故発生前に紛失した場合

CASE 1

私は妻を受取人にして生命保険に加入しておりますが、保険会社から送られてきた保険証券が見当りません。どうやら引っ越しの際紛失したようです。保険会社は保険証券を再発行してくれるのでしょうか。

再発行は可能です。
保険会社備え付けの再発行手続書に必要事項を記入し、再発行を申し出ることができます。

● 保険事故発生後に紛失した場合

CASE 2

私の夫は、妻の私を受取人にして5,000万円の生命保険に加入していましたが、2か月前に死亡しました。生命保険会社に連絡しようと思いましたが、保険証券が見当たりません。保険金を請求できないのでしょうか。

保険証券をなくした場合には、保険会社に被保険者の生年月日、名前を連絡して、保険契約の成立と内容を確認してもらうことになります。
保険会社は、上記の確認ができしだい、請求書類と用紙を送ります。

One Point　　**保険金は必ずしも保険証券と引き換えではない**

　保険約款には、保険金は保険証券と引き換えに支払うと定められているのが一般です。しかし、保険証券は手形、小切手のように証券がなければ請求できないというものではありません。保険契約の成立と内容を証明するものですから、保険証券をなくしてしまっても、保険会社で保険契約の成立および内容が確認できればよいのです。

⑤ こんな場合は保険金が支払われない(1)

被保険者の死亡については保険金が支払われるのが原則です。しかし、被保険者が死亡した場合でも保険金が支払われない場合(その場合、払い込んだ者の相続人に責任準備金が返還されます)もあります。それでは、具体例を見てみましょう。

保険金が支払われない場合

CASE 1

私の夫は、妻の私を受取人にして10か月前に5,000万円の生命保険に加入しましたが、事業の失敗を苦にしてつい先日自殺してしまいました。

⬇

被保険者が、契約日または復活日から2年以内*に自殺したときは保険金は支払われません。

＊期間は保険約款による。

CASE 2

私の夫は、私の受取人にして生命保険に加入しましたが、人を殺し、死刑となってしまいました。

⬇

被保険者が、犯罪または死刑の執行によって死亡したときは保険金は支払われません。

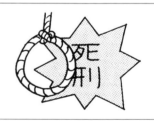

CASE 3

私の友人は、奥さんを被保険者、こどもを受取人として保険契約を結んでいましたが、浮気を理由にして奥さんを殺してしまいました。

⬇

保険契約者が故意に被保険者を死亡させたときは保険金は支払われません。

CASE 4

私の友人は奥さんの生命保険の受取人になって
いましたが、奥さんが浮気をしていたことを知
り、カッとなって奥さんを殺してしまいました。

死亡保険金受取人が、故意に被保険者を死亡さ
せたときには保険金は支払われません。
ただし、その受取人が保険金の一部の受取人で
ある場合は、ほかの受取人はその残額を保険会
社に請求できます。

　戦争などによって被保険者が死亡したときも保険金は支払われません。

　ただし、死亡した被保険者の数によっては、死亡保険金の全額を支払う、
またはその一部を削減して支払うことがあります。

●保険金が支払われない理由

　以上のようなケースについて保
険金が支払われることになると、
保険制度の健全な運営に支障が生
じたり、保険契約者の利益を損ね
たり、また、公益に反することに
なります。

　したがって、このような場合に
は保険金が支払われないとしてい
るのです。

One Point　保険金の支払い事由

死亡保険金	保険期間中に被保険者が死亡したときに支払われる
満期保険金	満期日に被保険者が生存しているときに支払われる
高度障害保険金	生命保険契約の特約として定められるもので、保険約款に定められている高度障害状態となった場合に支払われる。両眼とも完全永久失明、言語そしゃく機能の完全喪失など、死亡に匹敵する場合が定められています

6 こんな場合は保険金が支払われない(2)

生命保険契約の特約として、交通事故などによる災害の場合の災害割増特約が付加されている例が多くなっていますが、死亡保険金と同様に、保険金が支払われない場合が保険約款に定められています。具体的に見てみましょう。

災害による保険金、給付金が支払われない場合

CASE 1

私の夫は、私を受取人として死亡保険金2,000万円、災害割増特約2,000万円の特約付生命保険に加入していましたが、つい最近、酒酔運転が原因で事故を起こし、死亡しました。聞くところによりますと、酒酔運転が原因の場合、災害割増特約に基づく保険金は支払われないと聞きましたが、本当でしょうか。

あなたのご主人の場合、次のページの④か⑥に該当することになります。したがって、災害割増特約2,000万円は支払われないことになります。

　保険約款では、次の場合、災害による保険金や給付金が支払われない旨が定められ、死亡保険の場合よりも範囲が広くなっています。

①契約者または、被保険者の故意または重大な過失によるとき。
②災害死亡保険金受取人の故意または重大な過失によるとき。
　ただし、受取人が数人ある場合は、ほかの受取人に対しては残額を支払います。
③被保険者の犯罪行為によるとき。
　ただし、保険約款ごとに取り扱いが異なります。
④被保険者の精神障害または泥酔の状態を原因とする事故によるとき。
⑤被保険者が、法令に定める運転資格を持たないで運転している間に生じた事故によるとき。
⑥被保険者が法令に定める酒気帯び運転またはこれに相当する運転をしている間に生じた事故によるとき。
⑦地震、噴火または津波によるとき。
⑧戦争そのほか変乱によるとき。
　ただし、⑦、⑧の場合、死亡した被保険者の数によっては、保険金の全額を支払う、またはその一部を削減して支払うことがあります。

One Point　重過失とはどのようなこと？

上記①、②の重過失とは？
　過失というのは不注意のことですが、法律上は重過失と軽過失に分けられます。重過失は、不注意の程度が大きいことで、故意と同視できるような場合を意味します。
上記以外に保険金が支払われなかった裁判例
　災害による保障の特約は、死亡が「不慮の事故を直接の原因として」生じたものであることが必要です。
　この点について、裁判例では、喘息持ちの人が遊園地の客席部分が回転する遊戯施設に搭乗し、その終了後間もなく死亡した場合、災害保障特約に基づく保険金が支払われるかというものがあります。判決では遊戯施設への搭乗が直接の原因ではないとして、保険金の請求が否定されました。

7 自殺でも保険金が支払われる場合がある

　被保険者が「自殺」したときは、保険金が支払われません。しかし、「自殺」の定義によって、支払われるかどうかが問題となる場合が生じてきます。それでは、どのような自殺であれば支払われるのかを見てみましょう。

保険金が支払われるさまざまな「自殺」

　保険金が支払われない「自殺」とは、被保険者が自分の生命を絶つことを意識し、これを目的として死亡の結果をまねく行為を指します。

　自由な意思決定に基づいて意識的に行われた自殺に限られます。

具体例	保険金	理　　由
契約日または復活日から3年1か月後の自殺	支払われる（ただし、保険約款による）	ほとんどの保険約款では、被保険者が契約日または復活日から3年以内に自殺したときは保険金は支払われないと規定されていますので、3年をすぎた後の自殺には保険金が支払われます。
他人に自分を殺すように依頼して殺させた場合	支払われない	自殺は自分で手を下す必要はありません。自分を殺すことを目的としているわけですから、自殺に当たります。

私の夫は、妻の私を受取人にして10か月ほど前から生命保険に加入していましたが、その後、極度の神経衰弱症となり、つい最近自殺してしまいました。この場合は？	支払われる	精神疾患の発症が保険契約の後であり、自由な意思決定に基づく自殺ではなく、極度の神経衰弱症に起因する自殺と考えられますので、保険金が支払われます。 裁判例も精神病、神経衰弱症、発作的精神障害に基づいて生命を絶った場合については、自殺に当たらないことを認めています。
私の夫は、妻の私を受取人にして生命保険に加入していましたが、川で溺れている人を助けようとして、かえって急流に巻き込まれて死亡してしまいました。この場合は？	支払われる	人命救助による死亡のように、危険をおかす場合には、死亡を意識しているが死亡を目的としているものではありません。したがって、「自殺」に当たりません。
私の夫は、自動車を運転中、運転を誤ってガードレールに激突し死亡してしまいました。生命保険の受取人は私になっています。この場合は？	支払われる	自ら生命を絶つことを意識していませんので、自殺には当たりません。

One Point　告知義務に注意！

　保険契約後の精神疾患発症の場合、被保険者が保険に加入する前に精神疾患にかかっていたときには、保険会社から告知を求められたにもかかわらず保険会社にそれを告げなければ告知義務違反となります。

　保険契約日または復活日から5年以内であれば、保険会社は保険契約を解除することができ、保険金を支払わないことができます。5年後でも、保険約款にもとづいて詐欺により無効となり、保険金が支払われない場合があります。

8 受取人が被保険者を死亡させた場合

　保険金受取人が、故意に被保険者を死亡させた場合、保険金は支払われません。しかし、死亡させた場合にもいろいろあり、その場合にも保険金が支払われる場合と、支払われない場合があります。具体的に見てみましょう。

保険金殺人などで支払われない場合

CASE 1

甲は、乙を受取人にして生命保険に加入していたが、胃ガンにかかり痛みが激しいので乙に殺してくれるように依頼し、乙は苦しむ甲をみかねて毒薬を与え死亡させました。乙は保険金を受け取ることができるでしょうか。

法律および保険約款では死亡保険金受取人が、故意に被保険者を死亡させたときは保険金は支払われないと定められています。

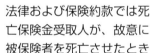

保険金は支払われません！

　この場合に保険金を支払うのは公益上好ましくないからです。保険金殺人に限らず、受取人に保険金取得の目的がなかった場合でも、保険金を受け取ることはできません。

　また、受取人自身が直接手を下した場合に限らず、他人を教唆して被保険者を殺させた場合、他人による被保険者殺害を幇助した場合も保険金を受け取れません。左のケースのように承諾に基づく殺人ないし自殺幇助も、保険金を受け取れません。したがって、乙は保険金を受け取れないことになります。

CASE 2
私の母は父と私を受取人として生命保険に加入していましたが、父は母の浮気を理由にして、母を殺してしまいました。

↓

父の受取分を除いた残額を受け取ることができます。

CASE 3
私の妻は夫の私を受取人にして１億円の生命保険に加入していましたが、自動車に同乗した際、私の運転ミスによる交通事故で死亡してしまいました。

↓

保険金の請求はできます。

保険金が支払われない場合は、故意による被保険者の殺害に限られます。したがって、受取人が過失で被保険者を死亡させた場合には保険金が支払われます。

困ったときは弁護士に依頼しましょう！

同乗していた自動車が事故で受取人だけが生き残ったり、受取人が被保険者と旅行中、被保険者が死亡したりすると、どうしても世間の目は保険金殺人を疑ってしまいます。

　現に同様な事件で裁判を争っているものもあります。もし、あらぬ疑いをかけられたら、弁護士に依頼して保険金の請求をするのがよいでしょう。

9 受取人が先に死亡した場合、保険金の受取人は誰？

　生命保険の受取人が、被保険者より先に死亡した場合、誰が保険金を受け取ることになるのでしょうか。その場合、保険金を受け取ることができるのは、受取人の相続人です。

　具体的なケースについて考えてみましょう。

受取人が被保険者よりも先に死亡したら

CASE 1

私の母は夫である父の生命保険の受取人となっていましたが、1年前に死亡し、父もつい最近死亡しました。父の生命保険の保険金は誰が受け取ることができるのでしょうか。

お母さんの相続人が保険金を受け取ることができます。

　この場合は、お母さんの子が相続人になりますので、あなたも保険金を受け取ることができます。

　保険法（75条）では、受取人が死亡した場合、「その相続人全員が保険金受取人になる。」と規定しています。

CASE 2

私は妻を受取人として生命保険に加入していましたが、先日妻が死亡してしまいました。私たちにはこどもがありませんので、私の姪に受取人になってもらいたいと思っています。手続きの方法は？

受取人変更の手続きをします。

受取人が死亡した場合、その相続人が受取人となるのを好ましくないと思うのなら、新しい受取人を指定し、受取人を変更しておくことができます。

受取人の変更を保険会社に主張するためには、保険会社に連絡して、保険会社の指示に従った手続きをすることが必要です。

その手続きを取らなければ、保険会社は旧受取人に保険金を支払えば免責され、新受取人は旧受取人に保険金の引き渡しを求めることになります。

One Point　相続人は誰か？

①妻子を残して夫が死亡
〈妻とこどもが相続人〉
相続割合
妻　　　2分の1
こども　2分の1

②妻を残して夫が死亡したが、夫婦にはこどもがいなかった場合
〈妻と夫の父母が相続人〉
相続割合
妻　　3分の2
父母　3分の1

〈夫の父母が死亡している場合は、妻および夫の兄弟が相続人〉
相続割合
妻　　4分の3
兄弟　4分の1

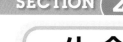
⑩ 生命保険金は被保険者の相続財産ではない

　生命保険の受取人が相続人であった場合でも、保険金はいったん被保険者の相続財産となり、そのまま相続人に相続されるというものではありません。

　問題となるケースについて見てみましょう。

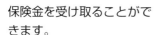
保険金は相続財産か

CASE 1

　私の父は、私を受取人として生命保険に加入しましたが、先日死亡しました。父には多額の借財がありましたので、私を含めて相続人すべてが相続放棄をしました。私は保険金を受け取ることができますか？

　↓

　保険金を受け取ることができます。

　保険金の受取人は、保険契約者の権利を譲り受けるのではなく、当初から受取人の固有の権利として保険金を受け取ることができます。したがって、受取人が相続放棄をしていても保険金を受け取ることができるわけです。

●相続放棄ではなく限定承認をした場合

　相続放棄と同じように、保険金を受け取ることができます。

●受取人が「相続人」と指定されていたとき

　受取人が「相続人」と指定されていた場合でも、「相続人」とは保険事故

発生当時の相続人になる資格を持つ個人を指し、保険金の受取請求権はその個人の固有財産となります。したがって、保険金を受け取ることができます。

「相続人」の範囲は民法に規定されています。

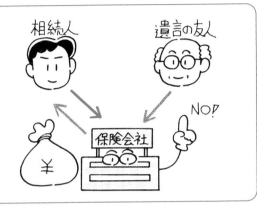

CASE 2
受取人を「相続人」として生命保険に加入したときに、遺言で友人に全財産を遺贈するとすれば、保険金は友人が受け取ることになるのでしょうか。

その友人は保険金を受け取ることができません。

　保険金請求権は「相続人」としての個人の固有財産になりますので、相続財産とはなりません。したがって、保険事故発生当時の相続人となりうるべき個人が受取人となります。

相続放棄	相続人が自分のために生じた相続の効果を拒絶する意思表示のこと。相続開始を知ったときから3か月以内に家庭裁判所に申述する
限定承認	相続人が相続によって得た財産の限度において被相続人の債務を弁済すべきことを保留して行う相続の承認
遺　　贈	遺言で財産を他人に無償で譲与すること

「みなし相続財産」 ─税法上の取り扱い─

　生命保険金は、税法上、相続税の課税対象となります。しかし、これは税法上の取り扱いであって、民法上、被相続人の相続財産として、相続人に承継されるものではなく、保険金受取人が直接保険金を取得します。

11 交通事故の損害賠償請求権と保険金請求権との関係

被保険者が交通事故で死亡した場合、保険金が支払われますが、保険金を受け取ると、加害者に対する損害賠償請求をするときの賠償金が大幅に減額されてしまうのではないか心配になります。この問題について考えてみましょう。

交通事故で死亡した場合、保険金は請求できるか

CASE 1

私の主人は、先日自動車にはねられ死亡してしまいました。私を受取人としていた生命保険に加入していましたので、5,000万円の保険金を受け取りました。私は、自動車の運転手に5,000万円の損害賠償請求もしていますが、その運転者から先日、生命保険金がおりたのだから、損害はなくなったはずだといわれました。損害賠償請求はできないのでしょうか。

⬇

上記ケースの場合、5,000万円の損害賠償を請求することは可能です。

　交通事故によって被保険者が死亡した場合、生命保険の保険金と交通事故による損害賠償請求金の両方の請求ができそうです。しかし、火災保険の場合、保険金を先に受け取ると、放火したり重過失で失火した者に対しては、保険金を差し引いた額しか請求できないことになっています。

　そうすると生命保険の場合も同じ死亡という結果から支払われるものですから、保険金が支払われれば、損害賠償金は保険金の額を差し引いたものが支払われることになるのではないかとも考えられます。

● 生命保険金は保険契約によって、それまでに支払われた保険料の対価として支払われるものです。
● 損害賠償金は交通事故によりこうむった損害を回復するために、加害者に請求するものです。

　この両者はまったく別の原因に基づくものですので、両者ともに請求できると考えるのが妥当です。

> 　火災保険の場合は、保険金が支払われると、保険会社が保険金受取人である被害者に代位して加害者に請求することが法律上認められています（保険法25条）。

　しかし、生命保険の場合にはそのような制度はありません。したがって、火災保険と同じに考える必要はないのです。

 交通事故による損害賠償の額について

　交通事故による損害賠償額は、裁判例の積み重ねによって定型化してきています。保険会社の提示する額は一般に低めであり、裁判で争うとその提示額を上回ることが多く見られます。だからといって裁判で争ったほうがよいとは限りません。裁判となると時間的にも解決まで長くかかり、また弁護士費用もかかります。その点まで考えて選択されるのがよいと思います。

⑫ 保険金の請求はいつまでできるのか

死亡してから何年かたって生命保険に加入していたことがわかる場合があります。しかし、保険金の請求はいつまでもできるものではありません。消滅時効という制度があります。

本項では保険金請求権の消滅時効について考えてみましょう。

消滅時効とは

CASE 1

私の主人は 2 年半前に死亡しましたが、先日遺品の中から私名義の保険証券がでてきました。いつまで保険金の請求はできるでしょうか。

⬇

保険金請求権の消滅時効期間は 3 年と定められているのが一般です

一定期間権利を行使しないとその権利を消滅させるという消滅時効という制度があり、その一定期間を消滅時効期間と呼びます。

一般の債権は、債権者が10年間請求しない（権利を行使しない）と権利が消滅しますが、2020年 4 月の民法改正により、「権利を行使することができることを知った時から 5 年間行使しないとき」に時効が消滅すると加えられました。（2020年 4 月 1 日以降に契約したものに限る）。

一方、保険法によれば、生命保険の消滅時効期間は 3 年です（95条 1 項）。一般の生命保険約款も、消滅時効期間を 3 年と定めています。したがって上記の例では請求できることになります。

消滅時効を更新する「請求」

保険金請求権は3年で消滅時効になることはこれまで述べたとおりですが、時効期間の進行をストップして、時効がそこでリセットされる制度を時効の更新と呼んでいます。

「請求」とは相手方に支払いを求めることで、民法で時効の更新が生ずる場合として定められています。

「請求」のいくつかの例
①裁判上の請求—訴訟の提起
②支払命令
③催告—裁判外の請求

なお、「催告」による場合は催告後6か月のうちに、裁判上の請求や支払命令を申し立てなければ効力がなくなります。このことはぜひ覚えておいてください。

One Point　短期消滅時効は廃止に

かつては、飲食店の飲食代金や旅館の宿泊料のように1年とか、医師の診療、手術費用のように3年などと、債権の種類によって消滅時効の期間を短期間と定める「短期消滅時効」の制度がありました。

しかし、2020年4月の民法改正によって「短期消滅時効」の制度は廃止され、①「権利を行使することができる時から10年間」、②「債権者が権利を行使することができることを知った時から5年間」で時効が消滅することとなりました。

● 確定申告

　生命保険と税金のまとめとして、確定申告の手続きの方法を説明します。確定申告でも保険と関係のある主な事項に限ります。確定申告の時期は税務署も混雑しますので、早めに手続きすることをお勧めします。

● 確定申告をしなければならない人

① 生命保険の満期や解約で一時所得のある人（一時払養老保険で5年以内のものは確定申告不要です。生命保険の契約者配当金は配当所得にはなりません。生命保険料控除の計算で差し引くだけです）。

② ほかの人にかけていた保険がその人の死亡でおりた場合で一時所得のある人。

③ 年金保険や公的年金で雑所得のある人。

④ 保険証券の贈与を受けた人（贈与税）。

⑤ 他人のかけていた生命保険の満期や解約でお金を受け取った人（贈与税）。

⑥ 他人から年金の受給権をもらった人（贈与税）。

● 確定申告をしたほうがよい人

① 医療費控除の適用を受ける場合。

② 生命保険料控除証明書を後から入手した場合。

● 確定申告書、還付申告書の提出期限と提出場所

① 翌年2月16日から3月15日まで。郵送の場合は簡易書留で、3月15日までにだし、15日が土曜日または日曜日のときは翌月曜日が期限です。

② 還付（税金を返してもらう）の場合は、翌年1月1日から5年間です。

　所轄の税務署、および、確定申告の期間は市区役所や市区役所の出張所でも受け付けています。窓口に持参するか、時間外文書受付箱に入れるか、郵送します。窓口に持参する場合は、提出用の申告書と一緒に控えも持参し、受付印をもらいましょう。時間外文書受付箱に入れたり、郵送する場合は控えと切手を貼った返信用の封筒を同封します。なお、所得税の確定申告書を税務署に提出した人は、住民税の申告書の提出は不要です。

● 無料税務相談所

　税務署、市区役所、市区役所の出張所など、申告書を提出する場所では、確定申告の期間に無料税務相談を行っています。税務署の係員や税理士が対応します。その際、自分の銀行口座番号を控え、認め印を持参します。

　わからないことがあったら、早めに税務署に聞きに行きましょう。

PART 5

生命保険と税金

① 生命保険の満期でかかる税金

生命保険の満期時には、所得税または贈与税がかかる可能性があります。生命保険に加入するときには、満期時にどのような税金がどれだけかかるかを考え、なるべく手取り（税引き後）の金額が多くなるようにします。

保険料の支払人と保険金の受取人とが同じ場合

保険金の受け取りは、一時金による場合と年金による場合とがあります。

● 一時金による受け取りの場合

一時金による
受け取りの場合 → 一時所得となる 所得税と住民税がかかります

一時所得は、$\{$（保険金－保険料総額）－特別控除50万円$\}×\frac{1}{2}$と計算し、ほかの所得（給与所得、雑所得など）と合算して所得税額、住民税額を計算します。50万円を控除してゼロまたはマイナスの場合は、一時所得はゼロとなり、税金はかかりません。

例外 一時払い養老保険
（5年以内）

5年以内に満期をむかえる一時払養老保険は、（保険金－保険料総額）×20.315%を控除されるだけで、ほかの所得とは合算しません。申告の必要はありません。

留意点
満期時に保険会社から送られてくる計算書が確定申告に必要ですので、大切に保管します

● 年金による受け取りの場合

年金による
受け取りの場合　→　雑所得となる　　所得税と住民税が
かかります

※保険料の支払人と保険金の受取人とが違う場合に贈与税がかかった部分については、所得税と
　住民税はかかりません（P.243以下を参照）。

　雑所得は、支給される年金の額からこれに対応する保険料を控除して計算します。具体的な金額は、年末に保険会社から送られてくる計算書に記載してあります。

　雑所得は、ほかの所得（給与所得、一時所得など）と合算して所得税額、住民税額を計算します。源泉徴収は所得税の前払いなので、源泉徴収されている場合には本来の所得税額から源泉徴収分だけ控除します。確定申告により還付される（＝税金が戻ってくる）可能性もあります。1か所から給与をもらっている人は原則として、給与所得および退職所得以外の所得の合計が20万円までは確定申告をしなくてもかまいません（＝税金がかかりません）。公的年金には公的年金控除がありますが、通常の年金保険にはありません。

保険料の支払人と保険金の受取人とが違う場合

　この場合、贈与税がかかります。保険金の額だけ贈与したとみられるわけです。贈与税は相続税を回避しようとする人にかかる税金といってよく、税率が高くなっています（P.240～241参照）。

（例）保険金が500万円のときの税率は20％で、贈与税は53万円になります。

　　（500万円－110万円）×20％－25万円＝53万円

One Point　税金をなるべく少なくするポイントは!?

1. 満期の年をずらすようにして、満期時の一時所得の金額が大きくならないようにします。
2. ほかの一時所得のマイナスと合算します。たとえば、生命保険の満期で多額の一時所得が発生する年に、含み損をかかえた変額保険を解約すれば税金の額は少なくなります（変額保険と税金P.233～234参照）。
3. 意図しない贈与税は払わないようにすべきです。もし、すでに契約してしまったときは、保険金の受取人を保険料の支払人と同一に変更する手続きをします。

2 死亡保険金の税金

契約のしかたで、死亡保険金にかかる税金が変わります。

死亡時に必要なお金を考えて保険に入っても、税金を納めたら必要額に満たない可能性も発生します。それでは困るので、どの税金がいくらくらいかかるのか把握し、加入しましょう。

さまざまな場合の死亡保険金にかかる税金

保険契約者(保険料支払者)＝A
被保険者(誰が亡くなったら支払われるか)＝B
保険金受取人＝C

①夫が妻にかけ、夫が一時金として受け取る場合

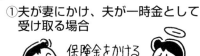

一時所得として所得税、住民税がかかります (P.224参照)。

②夫が妻にかけ、夫が年金を受け取る場合

雑所得として所得税、住民税がかかります (P.225参照)。

③夫が自分にかけ、妻が受け取る場合

税務上、相続財産に含まれます。

生命保険金は、法定相続人1人当たり500万円まで非課税です。

さらに、基礎控除が3,000万円＋法定相続人1人当たり600万円あり、相続財産から債務、葬儀費用、基礎控除を引いてゼロまたはマイナスの場合は相続税を納める必要はありません。超えた部分に対して、財産の金額や法定相続人の数に応じて相続税がかかります。

④夫が自分にかけ、相続人以外の人が受け取る場合

この場合は、相続人以外の人（保険金を受け取った人）に相続税がかかります。
生命保険金の法定相続人1人当たり500万円まで非課税の恩典が使えません。

⑤夫が妻にかけ、こどもが受け取る場合

保険金を受け取ったこどもには贈与税がかかります（P.225参照）。

⑥勤務先の会社が従業員にかけ、従業員の遺族が受け取る場合（従業員が保険をかけているとみます）

受け取るのが被保険者の遺族（法定相続人）ですから、従業員の遺族に相続税がかかります。

⑦金融機関または住宅ローンの債権者が住宅ローンの債務者にかけ、金融機関が受け取る場合

相続税の計算上、財産から控除できる債務が減るので、相続税が増加します。

保険契約者	被保険者	保険金受取人	税金	事例
A＝C	B	C＝A（一時金、年金）	所得税・住民税	①、②
A＝B	B＝A	C（相続人）	相続税	③
A＝B	B＝A	C（相続人ではない）	相続税	④
A	B	C	贈与税	⑤

One Point　住宅ローンと生命保険の関係は？

　住宅ローンを組むときに住宅ローンの債務者（たとえば夫）が生命保険に入らされます。保険料は夫か金融機関が負担します。夫の死亡後保険金が金融機関におり、住宅ローンが完済されたことになります。今後遺族がローンを返済する必要はなくなります。

3 保険料を支払ったときの税金

生命保険に加入していると、毎年の所得税と住民税が少なくなります。この特権は年末調整か確定申告で自分で申請しなくてはいけません。保険に加入していれば、自動的に税金が少なくなるというものではありません。

生命保険料控除の計算方法

平成22（2010）年度の税制改正により、平成24（2012）年1月1日以後に締結した保険契約については、一般の生命保険料と個人年金保険料の控除に加え、介護医療保険料の控除が設けられることとなりました。

それぞれの保険料についての控除額の計算は下記のように変更されます。これにより、3つの所得控除の合計は、所得税で最高12万円、住民税では最高8万4,000円となります。

1月から12月までの保険料	－	同期間に分配を受けた剰余金、割戻金の金額	＝	差引保険料などの金額 A

● 平成24（2012）年1月1日以後に締結した保険（生命保険、個人年金保険、介護医療保険）についての所得控除

所得税における所得控除額の計算	A≦2万円	控除額＝A
	2万円＜A≦4万円	控除額＝A÷2＋1万円
	4万円＜A≦8万円	控除額＝A÷4＋2万円
	8万円＜A	控除額＝一律4万円

住民税における所得控除額の計算	A≦1万2,000円	控除額＝A
	1万2,000円＜A≦3万2,000円	控除額＝A÷2＋6,000円
	3万2,000円＜A≦5万6,000円	控除額＝A÷4＋1万4,000円
	5万6,000円＜A	控除額＝一律2万8,000円

なお、平成23（2011）年12月31日以前に締結した保険契約のみについて控除を受ける場合は、これまでどおり生命保険料控除と個人年金保険料控除の合計で最高10万円となります。ただし、平成23（2011）年12月31日以前に締結した保険契約等と併せて控除を受ける場合には、それぞれの計算式により計算した合計が所得控除額とされ、その上限は所得税で12万円（＝ 4 万円×3）、住民税は 8 万4,000円（＝ 2 万8,000円× 3 ）です。

● 平成23（2011）年12月31日以前に締結した生命保険（生命保険、個人年金保険）についての所得控除

所得税における所得控除額の計算	A≦ 2 万5,000円	控除額＝A
	2 万5,000円＜A≦ 5 万円	控除額＝A÷ 2 ＋ 1 万2,500円
	5 万円＜A≦10万円	控除額＝A÷ 4 ＋ 2 万5,000円
	10万円＜A	控除額＝一律 5 万円

住民税における所得控除額の計算	A≦ 1 万5,000円	控除額＝A
	1 万5,000円＜A≦ 4 万円	控除額＝A÷ 2 ＋7,500円
	4 万円＜A≦ 7 万円	控除額＝A÷ 4 ＋ 1 万7,500円
	7 万円＜A	控除額＝一律 3 万5,000円

（例）平成24（2012）年 1 月 1 日以後契約分：一般の生命保険料 5 万円、介護医療保険料 3 万円、平成23（2011）年12月31日以前契約分：一般の生命保険料 4 万円（割戻金500円）、個人年金保険料 8 万円の場合

〈所得税における所得控除額の計算（①＋②＋③＝11万円）〉

①一般の生命保険料控除額

（ 5 万円÷ 4 ＋ 2 万円）＋{（ 4 万円－500円）÷ 2 ＋ 1 万2,500円}
＝ 6 万4,750円 ＞ 4 万円 ∴ 4 万円

②個人年金保険料控除額

8 万円÷ 4 ＋ 2 万5,000円＝ 4 万5,000円 ≦ 5 万円 ∴ 4 万5,000円

③介護医療保険料控除額

3 万円÷ 2 ＋ 1 万円＝ 2 万5,000円 ≦ 4 万円 ∴ 2 万5,000円

〈住民税における所得控除額の計算（④＋⑤＋⑥＝ 8 万4,000円）〉

④一般分（ 5 万円÷ 4 ＋ 1 万4,000円）＋{（ 4 万円－500円）÷ 2 ＋7,500円}
＝ 5 万3,750円 ＞ 2 万8,000円 ∴ 2 万8,000円

⑤年金分　8万円　＞　7万円　　∴3万5,000円
⑥介護分　3万円÷2＋6,000円＝2万1,000円　≦　2万8,000円
　　　　　∴2万1,000円

手続きの方法

①生命保険料控除証明書が10月頃生命保険会社から送られてくるので、大切
　に保管します。
②給与所得者と個人事業主（自営業）とでは、生命保険料控除を受ける手続
　きの方法が違います。
　⑴給与所得者は、会社から配付される給与所得者の保険料控除申告書に必
　　要事項を記入し、①の生命保険料控除証明書を添付して会社に提出しま
　　す。
　⑵個人事業主（自営業）は、確定申告のときに申告書に必要事項を記入し、
　　①の生命保険料控除証明書を添付して税務署に提出します。

生命保険料控除の効果

　生命保険料控除では、生命保険料控除の金額だけ税金の額が少なくなると
いうものではありません。課税所得額から生命保険料控除の金額が引かれる
のです。
　税金の額は（所得×税率）によって計算されるので、税率がいくらかによ
って税金の減る額は異なります。所得がゼロの人は、税金を納めなくてもよ
いので変わりありません。

One Point　保険関係書類の保管

　生命保険の証書やお知らせなどは、保管する場所を決めておき、保険会社からの郵
送物はすべてそこに入れるようにしましょう。年末調整や確定申告に必要な生命保険
料控除証明書をなくして再発行してもらう方が多くいます。
　せっかく家族のために生命保険をかけていても、保険自体の存在を知らないと保険
金を受け取る手続ができません。なにも手続をしなくても被保険者が亡くなったら自
動的に保険会社から保険金が振り込まれることはないので注意してください。

4　各種生命保険と税金

生命保険の税金は、保険の種類（養老保険、定期保険、終身保険など）によってさまざまです。どの保険の税金がどのくらいかかるか、生命保険会社の方に聞き、これをメモしておきましょう。

養老保険と税金

養老保険は、①死亡保険金（死亡したとき）または②満期保険金（満期のとき）と同額の保険金を受け取ることができます。保障のほか貯蓄の機能もあります。

満期保険金を受け取ったときの税金	満期保険金を受け取ったときの税金については、契約者、被保険者、受取人とも本人の場合は、一時所得になります（P.224参照）。
死亡保険金を受け取ったときの税金	死亡保険金を受け取ったときの税金については、契約者、被保険者が被相続人（亡くなった人）で、受取人が相続人の場合は相続税がかかります（P.226参照）。
一時払養老保険の税金	・一時払養老保険は期間が5年以内か5年超かによって税金の扱いが異なります。 ・期間5年以内（5年を含む）の場合は20.315%の源泉分離課税がかかるだけで、ほかの所得とは関係ありません（預金の利息とまったく同じ扱い）。これに対し、期間5年超の場合は一時所得となり、50万円の特別控除を差し引いた金額に2分の1をかけ、ほかの所得と合計して合計所得を出し、税金を計算します。 ・当初期間5年超であっても、5年以内に解約した場合は一時所得ではなく20.315%（所得税15%、復興特別所得税0.315%、住民税5%）の源泉分離課税となります。この20.315%は最高税率の高額所得者も所得0の人も同じです。

生命保険とは何か

生命保険の種類

生命保険商品のポイント

生命保険の加入から受け取りまで

生命保険と税金

5

契約者貸付金の 税金	・契約者貸付金を利用すると利息を支払わなければなりませんが、契約者貸付金を事業用に使う場合は、利息は必要経費（個人事業の場合）または損金（会社の場合）になります。 ・解約または満期のときは、生命保険会社は契約者貸付金を差し引いて支払います。一時所得の額は契約者貸付金の有無に関係なく（入金の額は少なくても）同額ですが、相続税の計算上は相続財産から控除します。

定期保険と税金

定期保険は、一定期間内に死亡したときのみ保険金を受け取ります。満期保険金はなく、保険料は掛け捨てです。

死亡保険金を受け 取ったときの税金	契約者、被保険者が被相続人（亡くなった人）で、受取人が相続人の場合は相続税がかかります（P.226参照）。
解約返戻金を受け 取ったときの税金	契約者、被保険者、受取人とも本人の場合は、一時所得になります。

●期間内に生きているか亡くなっているかによる保険、貯蓄、消費の比較

保険は万が一のときに損失をできるだけ少なくするものです。保険に入った場合と、その分預金した場合と、その分使った（消費した）場合で、保険期間に生きているか亡くなったかによる概算的な比較をしてみました。

保険に入る前の財産は現金500万円、土地建物1億5,000万円、保険期間の最終日に亡くなり、相続人はこども2人です。
定期保険（期間10年間、保険金3,000万円、保険料月1万円）、預金（月1万円）、消費（月1万円）のケースを示します

	生きている場合	亡くなった場合
保 険	・保険料120万円（－場合により生命保険料控除）財産が減少します。 ・財産は現金380万円、土地建物1億5,000万円、合計1億5,380万円です。	・3,000万円保険金をもらいます。 ・相続税が2,554万円かかり、相続税納付後の財産は現金826万円、土地建物1億5,000万円、合計1億5,826万円です。

	生きている場合	亡くなった場合
預金	・預金120万円の場合、その利息約10万円（20.315%の源泉税控除後）財産が増加します。 ・財産は現金380万円、預金130万円、土地建物1億5,000万円、合計1億5,510万円です。	・相続税が1,993万円かかりますが、現金と預金の合計が510万円なので、差額1,483万円が不足します。財産は現金0円、預金0円、土地建物1億5,000万円、未払い相続税1,483万円の合計1億3,517万円になります。 ・土地建物を物納するか、土地建物を売却するか、延納（毎年相続税を分割して納めていく）により税金を納めるしかありません。土地建物を売却した場合には、相続税とは別に所得税と住民税がかかります。 ・延納の場合には、相続税のほかに利息も支払わなくてはなりません。
消費	・消費120万円。財産が減少します。 ・財産は現金380万円、土地建物1億5,000万円、合計1億5,380万円です。	・相続税が1,954万円かかりますが、現金が380万円なので、差額1,574万円が不足します。 ・財産は現金0円、土地建物1億5,000万円、未払い相続税1,574万円の合計1億3,426万円になります。そのほかは預金の場合と同様です。

終身保険、貯蓄保険、変額保険と税金

		生命保険料控除	死亡保険金の税金	満期保険金の税金
終身保険	被保険者が亡くなったときのみ保険金が受け取れます。誰が被保険者か、誰が受取人かによって税金の取り扱いが異なります。	支払時に控除	P.226参照	
貯蓄保険	満期時に満期保険金、保険期間内に死亡の場合は保険料合計額が死亡保険金としてもらえます。ほかの保険は年齢が上がるにつれて保険料が上がりますが、貯蓄保険の保険料は同額です。		P.226参照	P.224参照

		死亡保険金の税金	解約した場合の税金	損害賠償の税金
変額保険	死亡時に基本保険金＋変動保険金（最低0）がもらえる保険。保険料の支払方法は月払いまたは一時払い、保険期間のある有期とない終身があります。	P.226参照	一時所得×$\frac{1}{2}$が20万円までは確定申告不要（P.224参照）	生命保険会社から損害補償金を受け取った場合、税金はかからない

こども保険と税金

●満期保険金の税金

　祝い金、満期保険金から保険料を控除した額が一時所得として課税されます。ただし、特別控除の50万円以内であれば非課税のため、祝い金が一時所得になることは少ないでしょう。

　受取人に判断能力があれば、贈与できます。祝い金、満期保険金をこどもに贈与した場合は贈与税の対象となります。年間110万円を超える贈与を受けた場合は、贈与税がかかります。

●親が死亡した場合の税金

　親が死亡したとき、こども保険も相続財産とみなされます。こども保険の評価額は祝い金、満期保険金の評価額と養育年金の受給権の評価額との合計です。

　18歳未満のこどもが相続により財産を取得した場合は、そのこどもの年齢に応じて相続税が少なくなります（未成年者控除）。逆に、こどもが死亡して親が保険金を受け取ったときは一時所得となります。

財形保険と税金

　財形保険は、勤労者の住宅取得と老後の準備を税制面から支援する制度です。勤務先に財形制度のある人のみ利用可能です。財形保険は、生命保険会社のほか、損害保険会社、銀行などが扱っています。生命保険会社の場合は住宅資金の準備や老後の準備という財形本来の目的以外に、生命保険が付随しています。

財形保険	財形貯蓄積立保険	満期時	（満期保険金＋積立配当金－保険料累計額）×20.315%の税金	
		途中死亡時	災害死亡以外	積立配当金×20.315%の税金
			災害死亡	死亡保険金＝相続財産
	財形住宅貯蓄積立保険	元本550万円までの利息は非課税 住宅以外の目的で引き出すと、差益の20.315%の源泉分離課税		
	財形年金保険	年金支払前	死亡保障	・保険料累計額385万円の利息は非課税 ・保険料払込期間中の解約 （返戻金－払込保険料－50万円の特別控除）×50% が一時所得として課税
	財形年金積立保険		災害保障	・保険料累計額385万円の利息は非課税 ・保険料払込期間中の解約 （返戻金－払込保険料－50万円の特別控除）×50% が一時所得として課税 ・災害死亡の死亡保険金は相続財産

※保険料は生命保険料控除の対象とならない。退社時に解約しなければならない。

医療費控除

医療費控除は所得控除の１つで、所得から控除してこれに税率をかけます。
医療費控除は年末調整ではできないため、確定申告をする必要があります。

	支払った医療費	本人、本人と生計をともにする配偶者、親族の医療費
－	医療保険の保険金により補填される部分	確定申告までに保険金額が決まらないときは見積もりで計算。判明後に修正
－	10万円または総所得の5%	総所得金額200万円未満の場合、総所得金額の5%
＝	医療費控除額	所得のある人は、200万円まで控除される

※身体障害者に対しては、障害者控除（27万円）または、特別障害者控除（40万円）が受けられる。

One Point　　人間ドックの費用は、どうなるの？

人間ドック（健康診断）の費用は医療費控除の対象にはなりません。ただし、人間ドックの結果よくない箇所が見つかって治療が行われたときには、その治療費とともに人間ドックの費用も医療費控除の対象になります。

5 相続税と生命保険

　財産を相続すると相続税がかかる場合があります。生命保険は相続税の支払資金として有効ですが、生命保険自体も相続税の対象となるため、その分準備が必要です。なお、平成27年1月1日以後の相続では、相続税が増税されました。

相続税は誰でも必ず払うものではない

　財産を残せば必ず相続税がかかるというわけではありません。基礎控除といって、3,000万円＋600万円×法定相続人の人数（たとえば法定相続人が3人の場合は3,000万円＋600万円×3人＝4,800万円）を下回る財産であれば、相続税を納める必要は原則的にありません。

　納めなければならない人にとっては、相続税は大変な税金といえます。それは、ほかの税金が所得（個人の場合）や利益（会社の場合）といった入ってきたお金から出ていったお金を引いた残りのお金に対してかかる（＝手元にあるお金の一部を税金として納める）のに対し、相続税は亡くなった日における財産（必ずしも現金や預金ばかりではありません。換金しにくい財産もあります）に対して税金がかかる（＝手元にお金がなくても税金として納めなければならない）からです。

　そこで、ほかの税金が原則として現金で直ちに納めなければならないのに対し、相続税は土地などの物で納めたり（物納）、長期間分割して納めたり（延納）することも認められています。要は物納や延納が認められているほど、納めるのに大変な税金であるということです。

遺産分割

　相続税とは別に、故人の残した財産をどのように相続するかということも考えなければなりません。相続人の間でうまく分割がまとまればよいのですが、財産は自宅のみなど、分割の難しいケースもあります。

生命保険のメリット・デメリット

メリット	相続税の支払資金	相続税は、亡くなってから数カ月で納めなければなりません。誰もいつ死ぬかはわかりません。いつかわからない日のためにお金を用意するということは大変なことです。相続税の額を予想し、満期時点の元本と利息で納付しようと預金を始めても、満期まで生きている保証（＝満期以降に亡くなる保証）はありません。生命保険であれば、契約後直ちに効力が発生しますので、いつでも相続税を納めることができます。
	遺産分割用の資金	遺産分割に当たって、土地や建物だけですと相続人の間で分けようがないこともありますが、保険に入っていれば、土地や建物のほかに現金があるので、相続人が満足するように分けることができます。
		相続税の対象にならない方でも、亡くなってから所得税や住民税、固定資産税などの税金を納める必要のある場合があります。葬式費用もかかります。遺品を整理したり個人事業を行っていた方は事業の整理も必要です。いつ発生するかわからないこれらの支払いに備えるには、生命保険が適しています。
デメリット		変額保険で損をしたり、保険のかけすぎで財産を減少させることにより税金が減るのでは意味がありません。 （例）相続税1,000万円の予想が、変額保険で5,000万円損をして相続税を払う必要がなくなり、差し引き4,000万円財産が減少した。 長生きのリスクもあります。

生命保険金の税務上の取り扱い

●亡くなった人にかけていた保険金（被相続人が契約者および被保険者の場合）

死亡保険金として現金を受け取った場合　➡　相続財産の1つとして相続税の課税対象になる

　相続税の支払資金や遺産分割用の資金のために生命保険に加入する場合には、生命保険にも相続税がかかることを念頭に、保険金額はその分多くする必要があります。

5

年金で、本人死亡後も支払われるものについては、年金受給権の評価（P.243参照）を行い、これを相続財産にします。

> **生命保険金の非課税**　生命保険の場合は死亡保険金の全額が相続財産になるのではなく、500万円×法定相続人の人数だけ死亡保険金の額から控除されます。

●亡くなった人が他人にかけていた保険金（被相続人が保険契約者で、他人が被保険者の場合）

亡くなった人が他人にかけていた保険金については、生命保険契約に関する権利の評価（下記参照）を行い、これを相続財産にします。

生命保険契約に関する権利の評価は、

契約を解約するとした場合に支払われることとなる解約返戻金の額	+	前納保険料の金額剰余金の分配額等	−	源泉徴収されるべき所得税の額に相当する金額

相続税の計算方法（概略）

相続税の計算方法は以下のとおりです（①から⑤の順に説明します）。

	債　　　務葬　式　費　用
財　　　産	
−生命保険金の非課税	基　礎　控　除
	①課税遺産総額

①財産から債務、葬式費用、基礎控除（＝3,000万円＋600万円×法定相続人*の人数）を差し引き、課税遺産総額を算出します。

*法定相続人とは、相続放棄（P.217参照）があった場合は、その相続放棄がなかったものとした場合における、民法に規定する相続人をいいます。

②課税遺産総額を法定相続分（※）により分割したと仮定します。

		相続人	分割方法
※法定相続分	（例1）	こども2人	$\frac{1}{2}$ずつ
	（例2）	妻とこども2人	妻 $\frac{1}{2}$、こども $\frac{1}{2}$（$\frac{1}{4}$×2人）
	（例3）	妻と母親	妻 $\frac{2}{3}$、母親（直系尊属）$\frac{1}{3}$
	（例4）	妻と妹	妻 $\frac{3}{4}$、妹（兄弟姉妹）$\frac{1}{4}$

③法定相続分の財産に対して税率をかけ、相続人ごとの相続税の額を計算し、これを合計して相続税の総額をだします。

$$課税遺産総額\left\{\begin{array}{l}相続人Aの法定相続分の財産×税率－控除額＝相続税額\\相続人Bの法定相続分の財産×税率－控除額＝相続税額\\相続人Cの法定相続分の財産×税率－控除額＝相続税額\end{array}\right.$$

法定相続分の財産	税 率	控除額
1,000万円以下	10%	―
3,000万円以下	15%	50万円
5,000万円以下	20%	200万円
1億円以下	30%	700万円
2億円以下	40%	1,700万円
3億円以下	45%	2,700万円
6億円以下	50%	4,200万円
6億円超	55%	7,200万円

④実際の遺産相続は、法定相続分どおりにする必要は
　ありません。相続人の全員が納得すればよいのです。
　各自の相続税は、
　$相続税の総額×\dfrac{各自の相続財産}{相続財産の合計}$ によって算出します。
　どのような分け方をしても、相続税の総額は同じです。
⑤配偶者には「配偶者に対する税額軽減」があります。二次相続のときには
　この税額軽減が使えないので、このときの税金も考える必要があります。

相続税を計算してみよう！

　相続人は妻とこども2人。保険金2,000万円、そのほかの財産1億2,000万円、債務500万
円、葬式費用300万円の場合の相続税は？
①課税遺産総額＝2,000万円－生命保険金の非課税500万円×3人＋1億2,000万円－500万
　円－300万円－基礎控除4,800万円（＝3,000万円＋600万円×3人）＝6,900万円
②法定相続分　妻6,900万円×$\dfrac{1}{2}$＝3,450万円
　こども（1人当たり）6,900万円×$\dfrac{1}{4}$＝1,725万円
③各々について税率をかけます。
　　3,450万円×20％－200万円（法定相続分の財産5,000万円以下の場合）＝490万円
　　1,725万円×15％－50万円（同3,000万円以下の場合）＝208万7,500円
　相続税の総額＝490万円＋208万7,500円×2人＝907万5,000円
④実際の遺産相続は法定相続分どおりとします。
⑤配偶者に対する税額軽減により、妻に対する相続税は0となります。
　よって、相続税は453万7,500円です。相続税は生命保険金の2,000万円で十分払えます。

239

6 贈与税と生命保険

　皆さんは、自分が死んだら相続税がかかり、妻、子ども、孫が相続する財産が減るとなったら、生きているうちに財産の一部を贈与してしまおうと考えるでしょう。そこで、国は相続税の減少を防ぐために贈与に対して贈与税をかけています。贈与税は相続税を補う税金だといえます。

贈与税の計算方法

　亡くなった方が財産を持っていると、相続税がかかります（詳細はP.236～239参照）。一方、贈与税は、1月1日から12月31日までの間に受けた贈与に対して、贈与を受けた人が、翌年3月15日までに贈与税の申告と納税をしなければなりません。

　1年間に受けた贈与の合計から110万円を引いた残りに贈与税がかかります。ですから、贈与された金額が110万円以下であれば贈与税はかかりません。110万円を超えた場合には、以下の算式で贈与税を計算します。

　　A（課税贈与金額）＝贈与財産の合計金額－110万円

　なお、平成25年度の税制改正により、平成27年1月1日以後の贈与については、贈与税の税率が次のとおり変更されました。

父母・祖父母から20歳※以上の子・孫への贈与			左記以外の贈与		
A	税率	控除額	A	税率	控除額
200万円以下	10%	なし	200万円以下	10%	なし
400万円以下	15%	10万円	300万円以下	15%	10万円
600万円以下	20%	30万円	400万円以下	20%	25万円
1,000万円以下	30%	90万円	600万円以下	30%	65万円
1,500万円以下	40%	190万円	1,000万円以下	40%	125万円
3,000万円以下	45%	265万円	1,500万円以下	45%	175万円
4,500万円以下	50%	415万円	3,000万円以下	50%	250万円
4,500万円超	55%	640万円	3,000万円超	55%	400万円

※令和4年より、贈与を受けた年の1月1日において18歳以上となり、令和4年4月の贈与より適用された。

> 例1　400万円贈与してもらった場合
> 　　　　400万円－110万円＝290万円…Ａ
> 　　　　Ａが300万円以下なので、
> 　　　　290万円×15％－10万円＝33万5,000円

> 例2　800万円贈与してもらった場合
> 　　　　800万円－110万円＝690万円…Ａ
> 　　　　Ａが1,000万円以下なので、
> 　　　　690万円×40％－125万円＝151万円＊
> 　　　＊20歳以上の人が父母・祖父母から贈与を受けた場合は、690万円×30％－90万
> 　　　円＝117万円となる。

　例1と例2を比較してみると、贈与した金額は2倍になっていますが、贈与税は約4.5倍となり、117万円増加しています。贈与税の税率は相続税以上の税率となっているのです。また、このように金額が増える割合以上に税金が増える税制を、累進課税といいます。

贈与税の問題点と相続時精算課税制度について

　贈与税が相続税の減少を防ぐ税金だといっても、相続税は毎年亡くなった方の1割以下の方しか対象になっていません。しかし、相続税を納めるほどの財産をもっていなくても、贈与をすれば贈与税がかかってきます。贈与税がなければ、それほど消費しない高齢世代から、消費活動の盛んな次世代に資金が移動し、消費が拡大して景気がよくなることが考えられます。

　そこで、平成15年から相続時精算課税制度ができました。相続時精算課税制度とは、通常の贈与税とは別の贈与税の計算方法のことで、税務署に届を出してこの制度を選択すると、贈与時の税金を相続税納付のときに控除できるものです。相続税がゼロであれば、贈与されたときの税金が全額戻ってきます。いずれの方法が有利かは、人によって異なります。詳細は税理士にご相談ください。なお、税制改正により相続時精算課税制度の見直しが行われ、平成27年1月1日以後の贈与より、受贈者の範囲に20歳以上の孫が追加され、贈与者の年齢要件が60歳以上に引き下げられました。さらに令和4年より、受贈者の年齢が贈与を受けた年の1月1日において18歳以上となり、令和4年4月の贈与より適用されました。

① 個人年金と税金

高齢化社会の進展とともに、死後に支払われる保険だけではなく、生きていたら支払われる保険にも関心が集まっています。年金に関する税金はあまりなじみのないものです。うっかり贈与税がかかってしまわないように気をつけましょう。

生命保険料控除

保険料の支払時に生命保険料控除が利用できます（P.228参照）。ただし、それほどの額ではないので、年金に入ろうか、いくらにしようかと考えるときは生命保険料控除を考慮しないほうがよいでしょう。

年金と税金

年金は受け取るときに毎年、雑所得として課税されます。年金の額からこれに対応する払込保険料を控除した額が雑所得となります。公的年金と異なり、公的年金控除（所得控除）がありません。

このほか、贈与税や相続税がかかることもあり

	契約者	被保険者	受取人	税金	
				毎年	そのほか
満期	A（夫）	関係なし	A（夫）	（注1）	－
			B（妻）	（注2）	贈与税
死亡		A（夫）	B（妻）	（注2）	相続税
		B（妻）	A（夫）	（注1）	－
			C（子）	（注2）	贈与税

※ （夫）、（妻）、（子）は一例です

（注1）所得税や住民税がかかります
（注2）相続税・贈与税がかかっていない部分に所得税や住民税がかかります

ます。ただし、相続税法の規定により、相続税や贈与税がかかった部分については所得税はかかりません。この場合には、支給される年金の額のうち所得税がかかる部分の額から、その額に対応する払込保険料を控除した額が雑所得となります（P.243以下を参照）。

年金と評価

　年金を受ける権利は財産の一種とされ、相続税や贈与税の対象になります。相続税と贈与税は、財産の評価額によって金額が異なります。

　年金を受ける権利の評価額は、年金の種類、支給開始の前後いずれかによって異なります。

　以下の図の①から⑥まで、評価額の計算方法が異なります。具体的な計算については、税理士または税務署にお問合せください。

○出る　×出ない

年金の種類	年金受給内容（期限）	生		死		評価	
		期限内	期限後	期限内	期限後	支給開始	
						前	後
終　　　身	生きている限り出る	○	○	×	×	①	②
保証期間付終　　　身	生きている限り出る。なおかつ、あるときまでは死んでも出る	○	○	○	×	①	③
確　　　定	生死にかかわらず、あるときまでは出る	○	×	○	×	①	④
有　　　期	生きていれば、あるときまで出る	○	×	×	×	①	⑤
そ　の　他	決まっていない	○または×				①	⑥

個人年金の税務上の取り扱いの変更

●相続等に係る生命保険契約等に基づく年金の税務上の取り扱い

　平成22（2010）年7月6日の最高裁判所の判決により所得税法が改正され、同年10月20日に施行されました。これまでは、個人年金については、相続等により取得したものであるか否かを問わず、その支払いを受ける年金の所得

金額の全額に所得税がかかっていました。しかし、この改正により、相続税や贈与税がかかった部分については所得税がかからないこととなりました。

　この変更により、所得税については平成22（2010）年分から変更後の計算方法に基づいて計算が行われています。また、平成20（2008）年分以後の年分において税金を納め過ぎになっている人については、一定の手続きを行うことにより、税金の還付を受けられる（＝税金を返してもらえる）ことがあります。

〈取り扱いの変更の対象となる人〉

　次の(1)〜(3)のいずれかに該当する人で、保険契約等に係る保険料の負担者でない人です。
(1)死亡保険金を年金形式で受給している人
(2)学資保険の保険契約者が亡くなったことに伴い、養育年金を受給している人
(3)個人年金保険契約に基づく年金を受給している人
　※実際に相続税や贈与税などの税金を払わなかった人も、この変更の対象となります。

● **平成20（2010）年分以後の年分において税金を納め過ぎになっている人は**
　一定の手続きを行うことにより、税金の還付を受けられることがあります。

〈手続きの場所〉
(1)所得税の還付を受けるとき…税務署
(2)所得税は還付とならないが、住民税や国民健康保険税などが減額となるとき…市区町村

〈手続きの期限〉（所得税の還付を受けるとき）
(1)既に確定申告をしている年分の手続き（更正の請求）
　この取り扱いの変更を納税者の人が実際に知った日の翌日から2か月以内に手続を行う必要があります。また、更正の請求に基づき払い過ぎの税金を返してもらえる期間は、原則としてその申告書を提出した日から5年間となりますのでご注意ください。

⑵確定申告をしていない年分の手続き（確定申告または還付申告）

　これから申告する年分の翌年1月1日から5年を経過する日までに行う必要があります。

〈注意点〉

⑴還付を受けることができるかどうか、また、その還付金の額は、各人によって異なります。

⑵還付の可能性がある人に対しては保険会社等から通知書が送られていますが、通知書が届かない場合も取り扱いの変更の対象となるのではないかと思われる人は、保険会社等に確認してください。

⑶具体的な手続きの方法は、税務署等にお問い合せの上、期限内に手続きを行ってください。国税庁のホームページに詳細な説明がのっています。

⑷住民税については、お住まいの市区役所にお問い合せください。

●**平成22（2010）年10月20日以降に、対象となる個人年金を初めて受け取ることになった人は**

　個人年金の種類に応じ、その年金の残存期間年数・支払総額等をもとに所得税の金額を計算します。具体的な計算については税理士または税務署にお問い合せください。

One Point　年金の課税方法は？

　年金は受け取るときに毎年、雑所得として課税されます（一定の個人年金については、雑所得として課税されない部分もあります。P.243以下を参照）。公的年金（P.246参照）も雑所得になりますので、確定申告では個人年金と公的年金を合計して雑所得を計算します。

② 公的年金と税金

　公的年金は支払時には所得控除があり、受取時には公的年金等控除があり、税務上は優遇されています。

　所得税が源泉徴収されていますが、確定申告をしなければ還付されません。

支払時の税金

			所得控除	所得控除額
公的年金の種類	社会保険料	厚生年金保険	本人だけでなく、控除対象配偶者（専業主婦）や扶養親族の分を本人が支払った場合には、それも社会保険料控除の対象になります（専業主婦や大学生のこどもの国民年金も夫や父親の社会保険料控除の対象）	全額
		厚生年金基金		
		国民年金保険		
		国民年金基金		
	小規模企業共済		掛金は全額控除の対象となる	
	生命保険・個人年金		生命保険料控除	上限あり

　給与所得者と個人事業主（自営業）とでは手続きの方法が違います。

①給与所得者は、会社が社会保険料の額を計算して年末調整をします。もし給与から控除されているもの以外に社会保険料控除の対象になるものがあるときには、給与所得者の保険料控除申告書に必要事項を記入して会社に提出します。

②個人事業主（自営業）は、確定申告のときに申告書に必要事項を記入し、税務署に提出します。

※①、②のいずれの場合においても、給与から控除されているもの以外のものについて控除を受ける場合には、添付書類が必要となることがあります（国民年金保険料および国民年金基金の掛金について控除を受けるときは社会保険料控除証明書、小規模企業共済等掛金について控除を受けるときは小規模企業共済等掛金控除証明書が必要です）。

　公的年金などは、源泉徴収されて支払われます。源泉徴収とは、公的年金

や給料の支払者が所得税を概算で差し引き、本人の代わりに税務署に前払いするものです。あくまでも概算で、確定申告のときに正確な税金の額を計算して差額を調整します。たいてい源泉徴収のほうが多く、確定申告によって還付（税金を返してくれる）されます。

受取時の税金

公的年金を受け取るときには、公的年金等控除（所得控除）を受けることができます。公的年金等控除の計算は年齢によって違います。なお、令和2（2020）年から所得金額により公的年金等控除の金額が変わりました。

〈65歳未満（申告対象年の12月31日現在）の人の場合〉

公的年金等の金額（A）	公的年金等控除
130万円以下	60万円
130万円超　410万円以下	A×25%＋27万5,000円
410万円超　770万円以下	A×15%＋68万5,000円
770万円超　1,000万円以下	A×5%＋145万5,000円
1,000万円超	195万5,000円

（例）
64歳で年金200万円の人
公的年金等控除＝200万円
×25%＋27万5,000円
＝77万5,000円
雑所得
＝200万円－77万5,000円
＝122万5,000円

〈65歳以上（申告対象年の12月31日現在）の人の場合〉

公的年金等の金額（A）	公的年金等控除
330万円以下	110万円
330万円超　410万円以下	A×25%＋27万5,000円
410万円超　770万円以下	A×15%＋68万5,000円
770万円超　1,000万円以下	A×5%＋145万5,000円
1,000万円超	195万5,000円

（例）
66歳で年金200万円の人
公的年金等控除＝110万円
雑所得＝200万円－110万円
＝90万円

One Point　　**住民税の支払いを忘れずに！**

公的年金が税務上優遇されているといっても、恩典を受けるのは厚生年金や国民年金の保険料をちゃんと支払ってきた人のみです。

所得税は源泉徴収されますが、住民税は源泉徴収されません。住民税の支払いを忘れないようにしましょう。

5

生命保険会社のしくみ

　生命保険のことは知っていても、生命保険会社のことはよく知らない人が多いようです。ネズミ講やマルチ商法など（生命保険とは関係ありませんが）にひっかかるのは会社のしくみを理解していないからです。

　保険会社について勉強しましょう。

相互扶助の精神

　生命保険会社は、たくさんの人（契約者）から保険料を集め、このお金を保険金として不幸な目にあった人（契約者）に支払うことを業務とする会社です。

なぜ金融機関といわれるのでしょうか

　集めた保険料が直ちに保険金として支払われるわけではありません。人はいつかは必ず死ぬのですが、一般的に年齢が上がるにつれて亡くなる確率は高くなります。保険の契約を結び保険料を払いはじめてから、亡くなって保険金をもらうまでに、個人差はありますが、時間があります。したがって契約者から保険料を集め、いざというときに保険金として支払うために常に多額のお金が保険会社にあるわけです。

　このお金をそのまま金庫にしまっておいてもよいのですが、お金を必要としている企業に貸して利息を受け取ったり、株を買って配当金を受け取ったり、ビルを建てて家賃を受け取ったりして収入を増やせば、それだけ少ない保険料ですむようになります。

　このようなことから、生命保険会社は銀行と同じく、金融機関といわれるのです。

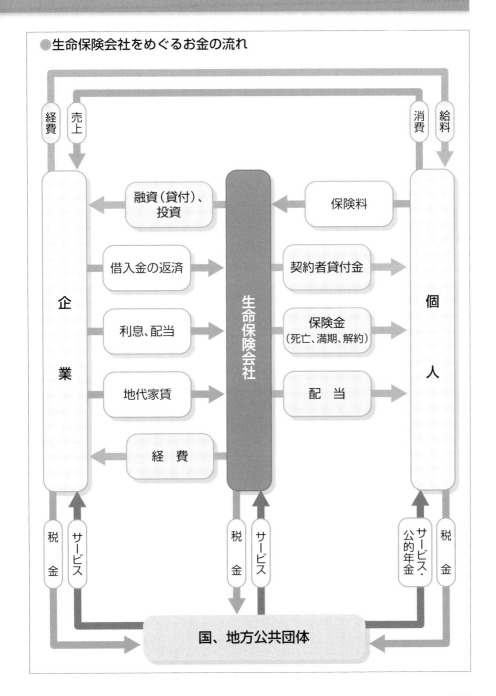

●生命保険会社をめぐるお金の流れ

経費

売上

消費

給料

融資（貸付）、投資

保険料

企業

借入金の返済

契約者貸付金

個人

利息、配当

保険金
（死亡、満期、解約）

生命保険会社

地代家賃

配　当

経　費

税金

サービス

税金

サービス

サービス・公的年金

税金

国、地方公共団体

生命保険会社が破たんした場合

　生命保険会社の経営が破たんした場合、契約者を保護するしくみとして、すべての生命保険会社の加入による「生命保険契約者保護機構」がつくられています（1998年12月発足）。

　現行制度では、保険会社が破たんした場合、保険契約者等の保護を図るため、保険契約者保護機構が資金援助等をすることにより、保険契約について一定の補償が行われます。

　生命保険では、すべての保険契約（再保険以外）が対象で、一律に責任準備金の90%まで補償されます。（ただし、保険契約者は責任準備金の10%を負担。さらに、破たん処理においては予定利率等の契約条件が変更される。）

保険契約者保護制度の見直し

　この保険契約者保護制度の改正を盛り込む改正保険業法が、国会で成立しています。

〈改正前〉　　　　　　　　　　　　　　〈改正後〉

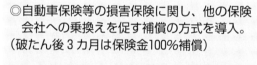

○生命保険と損害保険で同じ補償の方式（契約継続を重視）。

○原則として一律に責任準備金の90%を補償

◎自動車保険等の損害保険に関し、他の保険会社への乗換えを促す補償の方式を導入。（破たん後3カ月は保険金100%補償）

◎資金援助等による補償率は、契約種類、予定利率その他の契約内容を勘案して決定。（生保の高予定利率契約は85%程度〜90%）

◎保険金等が運用実績に連動する保険契約は、他契約と別の管理・取扱いとする。（100%保全を可能に）

同法では、従来の5,000億円規模の政府補助は廃止され、原則として、生命保険契約者保護機構の借入可能枠の範囲内で保険会社の負担金により賄う制度になります。

　また、破たん時の補償率は、保険契約の種類・内容等に応じて見直すことができるものとされます。

　生命保険会社の経営状況は改善され、一時の危機的な状況は去ったとはいえ、生命保険が国民生活に占める位置を考えると、慎重な運用が求められるといえるでしょう。

　保険契約者保護制度の行方から目を離すことはできません。

格付けとソルベンシーマージン（支払い余力）

　これからの保険選びでは、会社の選択も大切です。保険会社選びの基準に、格付けとソルベンシーマージン（支払い余力）があります。

保険金支払能力格付け	保険金支払責債務を契約通りに支払うことができる能力の程度を比較できるように等級をもって示すもの
ソルベンシーマージン（支払い余力）	災害などのリスクを考慮した、保険会社の責任準備金を超えた支払能力のこと

　ソルベンシーマージン比率は保険会社における保険金等の支払能力を示す指標（通常の予測を超えるリスクの額を分母とし、このリスクが損失として顕在化した場合に、この損失をてん補することが可能な財源を分子として比率を求めるもの。）であり、200％が健全性の目安とされ、この数値を下回ると、金融庁による早期是正措置等の監督上の措置が実施されます。

　ところが、健全性の目安とされる200％を超える保険会社が、相次いで破たん。ソルベンシーマージン比率への疑問や不信を招いていました。

生命保険各社の同比率は改善し、1000%を超える会社も多数あります。そのため金融庁は、金融市場実勢の反映や信頼水準の向上などにより、早期是正措置の目標値としての200%が真に有効な水準であると消費者等に受け止められるように、ソルベンシーマージン比率の見直しを検討しています。

保険金等の支払い能力の充実の状況に係る区分		措置の内容
第一区分	ソルベンシーマージン比率200%未満	経営改善能力計画の提出及びその実行命令
第二区分	ソルベンシーマージン比率100%未満	自己資本充実に係る計画の提出及びその実行配当または役員賞与の禁止または抑制社員配当または契約者配当の禁止または抑制新規保険契約の予定利率の引き下げ子会社または海外現地法人の業務の縮小等
第三区分	ソルベンシーマージン比率０％未満	業務の一部または全部の停止命令

銀行との違い、一般企業との違い

　同じ金融機関といっても、生命保険会社と銀行とは違います。どのようなところが違うのでしょうか。
　一般企業との違いについても簡単にふれます。

銀行との違い

銀行	短期預かり、短期運用	低利で預金を集め、預金以上の利率で融資
保険会社	長期預かり、長期運用	将来を予測して保険料を決める

　銀行の場合、一般庶民はたとえ金利が低くても預金せざるを得ないので、常時、お金が集まりますが、保険の場合はかけ過ぎ、意味のない保険の見直し、配当金額の低下、保険料の値上げなどがあるため、銀行より厳しい状況にあるといえます。

一般企業との違い

　株式公開していないところもあります。その場合、公認会計士の監査報告書も契約者に送られてくる決算書に添付していません。企業内容開示（ディスクロージャー）制度が十分ではありません。かつては生命保険会社自身が公開資料だけでは経営状況を判断できないと言っていました（日本経済新聞平成7年10月6日）が、最近では改善されてきています。

保険会社の決算書の読み方

　保険会社から送られてくる決算書に目を通している人はまずいないでしょう。保険会社によって配当に違いがあり、今後保険会社が破たんする可能性も考えられますので、決算書の読み方は知っておいたほうがよいでしょう。

決算書は自分で読めなくてもかまわない

　決算書は自分で読めなくてもかまいません。新聞に公表される他社との比較や経済雑誌の記事を見ればよいでしょう。毎年8月頃の新聞や雑誌が保険会社の決算についてとりあげています。自分で分析できなくても、新聞や雑誌が分析してくれます。

決算書を見るポイント

　自分で決算書を読む場合には、毎年送ってくる決算書をとっておいて、数年間の同じ科目の金額の推移を見ます。

　貸借対照表は決算日時点の財政状態（今どういう状態か）を表し、損益計算書は1年間の経営成績（1年間の成績はどうだったか）を表します。会社が採用している会計処理の方法によって利益の額が違ってきます。会計処理の方法を変更することにより利益をねん出する場合がありますので、変更の有無には注意が必要です。

決算書は難しいのが当たり前か

　決算書は難しくて、素人の自分にはわからないと思っていませんか。保険に素人が大多数の契約者に送付する決算書は契約者に理解できる内容でなければなりません。

　義務教育を修了した人が決算書を読んで保険会社の経営成績や財政状態を理解できないとしたら、決算書を作成した保険会社がいけないということです。わからない点は保険会社に問い合わせましょう。

●編著者紹介（50音順）

ライフプラン研究会

赤塚　裕彦（あかつか・ひろひこ）
1958年生まれ。明治大学商学部商学科卒業。公認会計士・税理士。赤塚公認会計士事務所代表、理法監査法人代表社員。著書に『どうせ払うなら住民税より環境税』がある。

豊原　徹雄（とよはら・てつお）
早稲田大学卒業。1988年社会保険労務士、07年特定社会保険労務士登録。中小企業における人事労務管理のアドバイスを行う一方、公的年金制度の解説、年金相談などを行う。

渡邉　淳夫（わたなべ・あつお）
法政大学法学部卒業。会社勤務を経て、平成6年4月弁護士登録。業務内容は保険（交通事故・生命保険）、不動産、金銭トラブル、離婚、相続問題などを中心に行っていた。

図解わかる　生命保険	
2024年6月15日　初版発行	
編　著	ライフプラン研究会
発行者	富　永　靖　弘
印刷所	公和印刷株式会社

発行所　東京都台東区　株式　**新星出版社**
　　　　台東2丁目24　会社
　　　　〒110-0016　☎03(3831)0743

© Lifeplan kenkyukai　　　　　　　　Printed in Japan

ISBN978-4-405-10443-3

新星出版社の定評ある実用図書